La belleza es verdad y la verdad belleza.
Es todo lo que necesitas saber en la tierra.

John Keats

Senté
a la belleza
para injuriarla,
pero ebria y sorda se ha dormido
en mis rodillas.

Tomás Salvador González

Dirección editorial: Héctor Escobar
Director de la colección: Gustavo Martín Garzo
Fotografía de cubierta: José Ramón Vega
Diseño de la colección: Miguel Riera
Maquetación: Alberto R. Torices

ISBN: 978-84-10057-41-8
Dep. Legal: Le. 164-2024
Impreso en España — Printed in Spain

María Ángeles Pérez López
La belleza de **la materia**

De la belleza (16)

María Ángeles Pérez López

La belleza de **la materia**

EOLAS EDICIONES

MATERIA mater. Esa dualidad que aparece ahí, al principio, de modo convincente. Tiene que haber un nudo común, un cordón elástico y dulcemente pegajoso o sanguíneo, manchado de toda la vida que ha sido transfundida aunque ahora tenga forma de mármol o de nube.

⚓

MADRE materia. Ser de ella, pertenecerle, y a la vez que todo sea tan ajeno e inverosímil… ¿O es que es posible imaginar el baile de átomos dispuestos en hermosas estructuras hexagonales para que el hielo brille un minuto sobre la palma de la mano y luego desaparezca? Largas caravanas en selvas y desiertos persiguiendo la delicada formación del frío y a la mínima, en el más mínimo contacto con la mano, se transforma en novela.

⚓

SERÍA relativamente sencillo decir que la madre materia es el agua, pero después llegan planetas, el aire, el remolino del amor y hasta la cansada canción de los objetos sobre los que se han depositado milenios y nombres, y ya solo quieren sacudirse el pelaje, o peor aún, lo que se reservó como una entrada de diccionario y no puede quedarse en ese cajoncito lexicográfico que parece ataúd. Ocurre con el *Diccionario de autoridades* de 1734 en su tomo IV, que asegura sin inmutarse que la materia es *la parte que, con la forma que la determina, compone el todo.* Sustantivo femenino. Voz latina. ¿Puede ponerse en el mismo plano *la parte* y *el todo*? ¿Y nombrar el todo sin que la tráquea quede excedida? A continuación podría conjugar *materia materiae* como *rosa rosae* pero no sé si la *parte* es: el pistilo, el pétalo, el pedicelo, el pedúnculo o el peligroso abrazo de la espina. ¿Acaso el polen que despierta y convoca al *todo*? Centellean boca y flores en el puntal de lo brotado. Enramada que desborda las lentas fichas catalográficas, el diminuto féretro de las definiciones. Dormición que no sabe desprenderse. El mundo florece, no puede ser prescrito.

⚓

¿Y el color, qué hacemos con el color? ¿A qué reino pertenece? ¡Pero si no es una cualidad intrínseca de la materia!

Ante el color se excitan nuestros sentidos, se excita un fotorreceptor ante el rayo de luz, incluso aunque no sean colores vibrantes sino también pálidos o enfermos o evanescentes porque ante ellos se tensa una de las formas del arco neuronal y lanza una flecha imaginaria. La flecha en el corazón de la manzana. Debajo estás tú como si fueras Guillermo Tell, viendo esa flecha rápida y hermosa atravesar el cielo. Algo de tu corazón queda herido porque eres belleza albina en la manzana justo antes de adherirse a su color. Tanta fuerza con que te penetra la intensidad amarilla, verde, roja (con sus cien tonos de rojo diferentes).

Volviendo a Guillermo Tell, ¿entonces la manzana es un salto de fe? Confío en su redonda pulsación perfecta, o tal vez no tan redonda sino más bien sorprendentemente adaptada al hueco de la mano. Como órgano que bombea su alegría vegetal en el hueco casi redondo de la mano. Como forma de amor hacia la mano, hacia la boca que saliva y se atraganta. También morimos de materia, siempre terminamos muriendo de la vida.

⚓

Salgo a comprar unos guantes táctiles. Se llaman así porque permiten seguir contestando al móvil mientras llevas las manos calientes, ahora que el frío ha venido a soplar todos los cristales del hielo siberiano. ¿Cómo podremos conocer tanto de esas pequeñas partículas con las que hasta la imaginación queda aterida cuando nada sé de Siberia salvo una inmensa mancha blanca en el idioma?

No puedo creer todavía que se llamen guantes *táctiles*. Creí que todo guante era táctil, que esa era la gran diferencia entre guante y manopla, que en el guante cada dedo recordaba su vocación de autonomía y vínculo, como esas familias que se llevan tan solo regular pero mantienen la apariencia de un orden común, un proyecto de mano compartida. Busco la palabra *guante* en ruso, por si de ese modo entiendo mejor lo ocurrido. La repito trabándome: перчатка. He aprovechado un minutito en que las cuerdas vocales dejaron de quejarse, un instante de silencio (*la salud como el silencio de los órganos*) para decir перчатка, pero sigo trabándome porque las cuerdas vocales, que no son cinco como los dedos de la mano sino tan solo dos, exclaman, a pleno muñón, su afonía. Y mientras, permanezco en la duda de los guantes *no* táctiles. ¿Qué haré con la inquietud del témpano en las uñas?

⚓

Muerdes una manzana sin pensar en el Génesis. A esa otra la lanzas con tu pie imaginario contra un cielo imaginario para que su exclusión, su borradura, dejen de ser reales. ¿Importaría si en lugar de una manzana colocas una mandarina? Aquí no se puede dar el cambiazo: no hay naranja o limón que te conduzcan. Tan solo esta manzana que brilla en su color. ¿Pero se puede decir en singular? Pues sí, aunque en algún momento las manzanas serán todas y estarán desnudas. Todas ellas iguales, rapadas y aturdidas. O temblando ante el inmenso colibrí que devora la sangre y llamamos deseo, un pájaro minúsculo que agota a su propio corazón y después vuelve a iniciar la danza erótica, esa felicidad de la muerte (en la vida) (y en la muerte).

⚓

HAY venas y vénulas. Entre unas y otras jadean cachivaches y la maleta azul de los diminutivos. De ella salen libélula y caléndula, aunque no deban ser jamás jibarizadas.

⚓

NUBE y magnolia se reflejan en un apremiante parecido. El diálogo de la evanescencia está lleno de aire. Todo es livianísimo, su silencio nos cubre y se derrama.

⚓

Un libro de Sofía Bernardo es también material. Se titula *Narrativas corporales (las palabras táctiles)*. ¡Ah, entonces es que ella ya lo sabía cuando empezó a escribir! Tan sabia y tan joven… Abro su libro al azar: «A los que se pierdan y a los sordos: hoy he descubierto que también se puede escuchar con las manos». Debo preguntarle dónde compra los guantes.

⚓

¿Ahora podríamos volver al color? Sí, sin duda, aún ronda aquí la figura de Guillermo Tell porque abro Facebook y aparece una foto de Miguel Ángel Curiel con una manzana sobre su cabeza. De pronto, es posible comprenderlo todo. La poesía es siempre un acto de fe. Por eso está lanzada hacia el futuro, lo alcanza antes que ningún otro dispositivo. Por eso riman Tell y Curiel, para que la cabeza se desordene (el poeta es *el que desordena*) y encuentre los vínculos secretos y relevantes de lo posible. Su belleza intacta.

⚓

SALTA, del libro *Los refugios de la memoria* de José Luis Cancho, una frase que es casa: «Sueño con habitar en el corazón de las cosas».

⚓

¿QUÉ le dirá la materia a la cosa? Que en la galería de los espejos abstractos, el único rostro visible es el que pones tú cuando te entregas. No tardes, entonces no tardes.

⚓

ESCRIBIÓ Luz Machado el poema «Deseo»: «Alguna vez tú o yo habríamos/ llevado una pequeña lámpara,/ los libros para cuando faltaran las palabras/ y esas pequeñas cosas que sirven/ para hacer olvidar en toda casa/ que la materia se consume en la mesa,/ en el lecho, en las vigilias,/ como un ramo sin agua/ yendo de mano en mano para la admiración/ de su belleza».

¡Había tardado tanto en volver a aparecer la palabra *deseo*! Respiro con alivio. Y quiero lamer estos versos con gran lentitud para que la avispa

negra de la tristeza no ponga sus huevos sobre mi
laringe.

⚓

MATERIA es la lana de la oveja y también su cuerpo,
su pupila rectangular que registra casi 360 grados
en ángulo, porque la palabra *alrededor* sabe balar
de modo diferente. Incluso en el sueño, sabe balar de
modo diferente.

Entonces lo principal y lo sobrante son parte
de un todo que no podré nombrar pero me abriga
y acompaña y reconforta. Y lo hace en la noche y
en el día, en la boca aterida por el frío. Cuando
duermo sobre un colchón de lana y me envuelven
las mantas de la misma materia creo haber entrado
en su matriz, ser parte de un conjunto indistingui-
ble, aquello que unió lo textil y sanguíneo para que
la intemperie quede afuera.

Lana en cuna y cama, un sofá, cualquier viaje,
la estribera.

Manta y paño de pura lana virgen. El sueño con
sus zonas felices del olvido.

Pero en la herida de la depredación, el balido

teme la oscuridad del insomnio. Cuando no logra apagarse ni con el mayor recuento ovino posible, ¿es parte también de la materia? Se dice que no tiene masa ni volumen pero, ¿no es el insomnio el cuerpo aplastado violentamente contra la noche, ocupándolo todo, sin resquicios? Rompe la calma mientras persigue el sueño, que huye atormentado por el reloj de pared. Entonces una oveja pare a otra y el cordón late vivo entre las sábanas.

⚓

EN un cuento de Ciro Alegría titulado «Cuarzo», su luz de piedra hiere enormemente. Hay albas aristas de un amor mineral y la azulosa pupila de una oveja bajo el manto de barro en el alud. Como si la estructura de cristal que formaron oxígeno y sílice fuera el ojo interior de cada mina o montaña o cabeza carnal de algunos herbívoros. En lugar de contar ovejas, contemos cuarzo, pirita, dolomita, calcita. Las rimas musicales de dormir. Y si los ojos han quedado muertos pero brillan obstinados en haces de varillas, que también sea posible olvidarlos, dormir.

AL levantarme ha regresado una vez más el color. Lo trae la poeta Reina María Rodríguez (que a su vez trae una cita de Alice Munro que a su vez contiene el mundo): «Y, en una isla desprendida de la sombra de los continentes, "morado claro el color de las cortinas el color de las lilas", ese tono de las lavandas ya secas —nunca reales, sino artificiales—, cuando alguien trae una bolsita rellena de flores picoteadas, y el vestido de la adolescente en sus quince está hecho de retazos que guarda su madre en el cajón de la larga mesa negra y laqueada, satinado por los bordes casi plateados del envés del que todavía guarda los restos junto con las lavandas».

Me pregunto entonces adónde han ido a parar los abejorros que polinizan la lavanda del jardín, su esplendor ante el malva y el lila, ante el violeta, ante el cáliz de cinco dientes triangulares, los mismos que tiene la planta, los cinco dedos que conforman la mano. Con ella se escribe, también, en negro y oro.

No conozco la materia pero le pertenezco. Puedo intuir algunas de sus formas, su preciosísima carga en lo real pero ocurre como en los icebergs, aunque solo veamos una mínima parte puede hacernos naufragar, de hecho lo hará si insistimos lo suficiente. Basta con certificar que en junio de 2023 un grupo de multimillonarios repitió la hazaña del Titanic.

Mientras, al intentar distinguir la materia visible e invisible, ¿cómo no preguntarse si son invisibles las oropéndolas, los perros que mastican hielo o quienes migran (ellos mismos territorio de bajura)? Lograr esa distinción no nos permite nadar en la noche, ni entre nieve o escarcha, ni siquiera en pupilas apagadas.

⚓

MATERIA de sombras, así la poesía para Antoni Clapés. Cuando recorremos con él los nombres del laberinto, contemplamos un imposible altozano: «Oteo este envite de signos que se duplican, que se multiplican hasta el infinito por el campo de espejo que me ofrendas. Sigo la zanja en la materia y no me pierdo./ Mas, ¡ay!, cuánto cuesta llegar hasta el poema».

Ah, ¿pero es que podía llegarse hasta él? Yo creí que había que volverse zanja, grumo, el pequeño armadillo rosado que en las noches excava su verdad, su silencio, el temblor de la caza bajo el caparazón, donde se aloja un suave pelo blando. Ceguera de abajarse para ser.

⚓

MATERIATECA. ¿Otro cajón cerrado? ¿La clasificación de materiales, su cilicio? ¿Un modo de mortificar la proliferación, lo que no sabe ceder y no es exangüe? Imagino posibilidades que se multiplican: una nube formada por copos livianísimos de mármol que no quieren llover sobre nosotros o la preciosa errata del «pararillo»: una palabra que estaba muy quieta y era resistencia ante el aire, materia pero en lo erróneo (y hermoso) de decir a la vez el pájaro parado, como si pudiese quedar inmovilizado en el vuelo, sin caer. Luego nube y ave se echarán a volar. Ellos también materia no encerrada.

⚓

Las pequeñas cosas siempre terminan llorando pero dejaron un tiempo de rosas. Lo sabía Serrat y cuando lo canta con Mercedes Sosa, nosotros también tenemos billete de ida y vuelta y una rima saltando junto al pecho porque regresamos en las hojas de papel bajo la mesa, las llaves que olvidaron ya su puerta, la mano del exiliado atada a su cancela.

⚓

Un poema de Sergio García Zamora sigue tamborileando en estas líneas. Se titula «Martirio de las uñas de mi madre»: «De niña mi madre se comía las uñas./ Comía las uñas de la oscuridad/ por miedo a la oscuridad./ De joven mi madre se comía las uñas/ y se mordía los dedos,/ porque eran los dedos del amor/ y las uñas de la espera./ Nadie va a quererte así, decían mis abuelos./ Mi madre era delgada y transparente como uña./ Tenía limpias las uñas que no tenía./ Se enamoró de mi padre,/ de las uñas golpeadas de mi padre/ que era albañil y carpintero./ Por eso nací con estas garras de ángel./ La leche de mi madre me dio uñas de poeta./ Otros cantan al rostro, a los cabellos./ Otros cantan a las manos totales y los vientres totales,/ pero yo canto a las uñas donde todo termina./ Quieren regalarle guantes».

Me detengo a besar cada letra, cada parte de cutícula y estambre. Los inexistentes guantes.

⚓

La materia es la mascletá y el músculo. Hay una descarga auditiva y eléctrica que todo lo perfora, un barreno dinamitando el color blanco, la precisión con que nos muerde lo salvaje cuando el oído no sabe si doblarse o reír. Se disponen petardos ligados por la mecha y forman un imposible pentagrama, el estallido de la tierra y del cielo. Líneas que doblegan los metrónomos y riman en una larguísima secuencia consonante. Cada palabra estalla sin herida, sin vendaje ni fármaco, tan solo vendaval, la sucesión efímera del cuerpo, parte aérea y veloz en la que todo acaba. Orgasmo y ars sonora sobre el músculo, la mano que recoge tanta miel.

⚓

PARECERÍA fácil: la materia es visible e invisible. Se divide sin conflicto: de un lado, el inmenso sol que confiamos en ver cada mañana y zapatos sin pie, ya huérfanos, cuando alguien cae fulminado en la muerte; de otro, lo invisible, los neutrinos o el bosón de Higgs, nombrado bosón de Dios (¡con su rima en vibración de amor!). Sin embargo, todo se cruza en su absoluto.

⚓

HAY una fenomenología de los neutrinos pero, si el lenguaje termina enmudeciendo ante la fenomenología del ser, ¿qué haremos entre el ruido y el silencio?

⚓

Aннн, quiere saltar hasta esta página la materia oscura.

¿De verdad ese adjetivo permite separar una parte del total de la materia cuando está negando su término anterior? No la vemos pero hemos de aceptarla. ¡Qué estupendo anuncio de una conferencia de física teórica: «Haciendo visible lo invisible»! Creí que era el título de un poema, creí que esa era su tarea, ahora resultará que debe negociar su campo de trabajo, las condiciones laborales, el cómputo de horas que pueden adscribirse con el hijo que decidió estudiar ciencias. Creí que el poema era sombrío fulgor, un atado de pétalos entregando el crepúsculo.

He de consultar al sindicato de mi ramo.

⚓

Si la materia oscura hay que buscarla como quien rastrea un hueso escondido bajo capas de tierra, la fijación animal de la nariz, y hay que hacerlo alrededor de las estrellas compactas, ¿no quedan cavilando adjetivo y biología? Perseguimos evidencias, nuevas familias de objetos astronómicos por si así podemos ampliar la propia, o entender la propia, o sentirnos un poco menos solos ante tanto parentesco insospechado.

⚓

PERO, ¿de verdad es visible la materia visible? ¿Cuántas dioptrías son necesarias si la realidad siempre está algo borrosa? ¿No es por eso que brotan los tantos lenguajes de la imaginación?

No sé decir materia, decir cuerpo, decir la lengua como un hidrostato muscular, un órgano caliente e hidratado con forma de cono, con raíz y con hueso, con mucosa y papilas y corpúsculos, con puntita en el ápice para morir diciendo su placer.

Lo más contundente, lo más alejado que conozco. Real e ilegible en su profundidad, sus dos caras, los bordes. Ante ella, irrigación e inervación. Ante ella, los sustantivos húmedos, febriles.

⚓

La infancia y los pájaros son tiempo sin uso, sin precedente, acontecen siempre por primera vez. Por eso vuelan y se sostienen sobre todos los cielos. Les resulta innecesario tanto signo.

⚓

«Inteligencia, dame/ el nombre exacto de las cosas». Lo escribió Juan Ramón Jiménez en un poema que es un río con el que aspira a colmar nuestra sed: que por su palabra «vayan todos/ los que no las conocen, a las cosas», «los que ya las olvidan, a las cosas», «los mismos que las aman, a las cosas…». Y al final multiplica los nombres, no basta uno, son misceláneos, bellos y precisos: «¡Inteligencia, dame/ el nombre exacto, y tuyo,/ y suyo, y mío, de las cosas!».

Se acumulan las exclamaciones pero esa letra jota se ha vuelto un caballo: en ella podemos subirnos, galopar persiguiendo tanta plenitud. Incluso aunque su nombre no sea inteligencia.

⚓

GABRIELA, Gabriela. El día se levanta mistraliano porque el viento trae, de la parte «Materias» de *Tala*, el canto al pan, el aire y el agua, la sal y la cascada en sequedal. Arrojo un puñadito de cuerpos frágiles y blancos sobre el hielo, sobre mi propia cabeza. Si son cloruro de sodio y los llevo a la boca, hay una erupción gozosa de sabores, la blanda salivación que los disuelve, la lengua en sus receptores específicos.

La sal que fue moneda y sigue siendo beso, que ha detenido el curso de los días, la podredumbre y la palabra esclavo. En el poema de Gabriela: «La sal cogida de la duna,/ gaviota viva de ala fresca,/ desde su cuenco de blancura,/ me busca y vuelve su cabeza».

De la sal, el salario y la belleza.

⚓

PERO si la mujer de Lot fue convertida en estatua de sal y, por tanto, al primer llanto o lluvia sobre ella había de deshacerse hasta llegar al océano, ¿no será que en realidad el castigo era una rectificación, el deseo de apagar la destrucción del mundo?

⚓

MATERIA que es pañal y que es mortaja. Ha nevado tanto silencio sobre este papel que Gilles Baudry atenúa su latido y así oímos el mundo.

Lo leo y releo gozosamente: «Nuestra felicidad/ es de tan gran formato/ que el día ocupa toda la página/ y que el cielo/ se derrama por la ventana».

⚓

¿Y si las ideas son materia? Una sustancia veloz que suelta muy rápido la palabra *sustancia* porque se avergüenza de ella, como de un parentesco que la debilitase, que mostrase costuras o hilachas o lo que está roto y no encuentra técnica alguna con la que unir oquedades por mucho que practique en otras lenguas. Como esas reflexiones complacientes que olvidan que son hijas de la saliva, que se avergüenzan de su corporeidad. A lo mejor es que las ideas quieren nacer de la nada, tan convencidas de sí mismas que podrían imaginarse naciendo de una cabeza en vez de una matriz. Atenea y el hacha perfilando su violencia sobre el cráneo de

Zeus, Atenea que nace completamente adulta y completamente armada. Esa monstruosidad. ¿O es que las armas también pertenecen a la categoría de las ideas? ¿Es pura abstracción el golpe sobre el cuerpo? ¿Pero no será la idea un modo de la saliva que todo lo teje, tan caliente y material ella, tan viscosa y abundante, excretando el mundo?

⚓

«La araña no puede quedar atrapada en su propia tela. Tampoco la mente, que no es otra cosa que su función. Pero el yo se atribuye esa función. El *yo* es un pronombre que adhiere a los verbos conjugados. Los verbos conjugados describen movimientos. Los pronombres se atribuyen los movimientos. Al atribuirse los movimientos, quedan atrapados en el hilo». Lo escribe Chantal Maillard y asiento mientras me pregunto por esta araña-mente que olvida que hubo hilo, hilandera y texto deshilachándose. Que hubo un hijo diciéndole a Penélope que calle, que olvide el pronombre *yo*, que deje de conjugar los verbos de movimiento. Telémaco, *el que lucha a distancia* —la misma que

estableció ante su propia madre—. Esa otra monstruosidad.

⚓

ENTRA Miguel Hernández a esta ronda mientras lo
persigue un carnívoro cuchillo. De *El rayo que no
cesa*: «Recojo con las pestañas/ sal del alma y sal del
ojo/ y flores de telarañas/ de mis tristezas recojo».

⚓

¡SI hasta la araña ha sido amada en el poema!
Escribió Mistral, la mujer del viento: «En lo feo,
la materia está llorando; yo le he escuchado el
gemido. Mírale el dolor, y ámalo. Ama la araña y
los escarabajos por dolorosos, porque no tienen,
como la rosa, una expresión de dicha. Ámalos porque son un anhelo engañado de hermosura, un
deseo no oído de perfección. Son como alguno
de tus días, malogrados y miserables a pesar de ti
mismo».

⚓

El bebé recién nacido tiene unos trescientos huesos, pero a medida que crecemos se reduce la cifra: 206 fosforecen en el esqueleto de la persona adulta. ¿A dónde han ido los que ya no están? ¿Quedaron sosteniendo la palabra *infancia* en la blanda canción de los cartílagos?

Es justamente el amor a lo flexible (el húmero dividido en tres partes, el maxilar diferenciado entre superior e inferior, el corazón latiendo en varias fontanelas) lo que permite atravesar el canal del parto y los canales de la primera decepción, la primera angustia, el primer brochazo enrojecido de ira. La vida en paso angosto, la más tierna emboscada. En este diseño material, somos la levedad que fue fosilizándose. Coágulo y cristal de lo pretérito. La palabra que extingue cada ser y decimos en sueños en voz alta para seguir cimbreados y posibles.

⚓

Entonces es que el amor es uno de los modos de la mirada. Siempre lo han sabido los girasoles, que no cejan en la lenta y febril persecución de la luz a lo largo del día. Sin embargo, cuando llega la noche caen vencidos «por tanto grano, tan loca empresa», como escribió Claudio Rodríguez. Son desproporcionadamente altaneros, hermosísimos en el crecimiento desigual de los tallos. Y una vez maduros, se asientan mirando hacia el este. ¿Hacia su propio Edén?

Tanto amor, tanto grano ante la muerte.

⚓

ALGUIEN ha hecho sonar un cuerno de caza. El ruido metálico del miedo llena todos los rincones, podría ser una pesadilla o este comedor, aparentemente cordial, en el que hay trofeos con cabezas de animales y terminas la jornada sin saber cómo es que has ido a parar hasta allí. Una pata de elefante, abrumadoramente muda, es su metonimia tumefacta. No se parece a nada que hubieras visto antes, no es aire amputado, ni sol amputado, ni alegría quebrándose en las cuatro inmensas rodillas del delicado animal, que sabe oír con sus pies. Reconoce retumbos de muy baja frecuencia. Cuando reposa tras un largo trecho, coloca sus patas en alto. ¿Cómo ha llegado hasta aquí una de ellas, tan huérfana de sí, tan huérfanos nosotros?

Se llama trofeo y su afán me destruye.

⚓

ESCOMBRO de cosas. ¿Eso será el presente? *Basura mundi* lo llama María Ángeles Maeso. Hay altísimos túmulos funerarios formados por teléfonos sin batería, camisetas anémicas del Che que no dicen *Guevara* sino tal vez *jara* o *mara* (evitan desde luego el evidente *vara* con que golpearse solas en su propia cabeza), esas piecitas de Lego que nunca aparecen cuando más falta hacen, los calcetines tan solos y tristes en todas las cuerdas de la ropa y coches sin batería que se imaginaron conducidos por robots (casi como personas ya sin batería).

La materia no quiere mirar hacia aquí, le molesta este texto entre tanto desguace.

⚓

REGRESA deprisa Luz Machado. Vuelve con «Meditación de la materia íntima» para atisbar el origen, que es uno de los rostros del enigma, lo que solo alcanzamos a intuir porque está entregado a su propia canción: «Encajes, hilos, algodones, lustres/ de la seda, el lino dócil,/ todos cambiados en la consagración de su servicio,/ en desatado oficio, en dúctil forma/ y a formas propias sometidos».

Porque hay en la materia un antes y un después. La íntima materia a nosotros pegada que nos recorta ante un cielo sin luna y sin estrellas, en el tránsito de sangre y su fermento. Bobina, pie y pedal sobre la máquina Singer, el cruel pespunte en todas las palabras. Incluso las que devoran a sus crías. Las que muerden violentas cada hilván.

⚓

¿Será *cosa* la prótesis que alivió a una rodilla? ¿La que intervino en la danza impar de la cadera? ¿En el corte de la córnea para facilitar la visión? Ha de establecerse un diálogo carnal y difícil entre la pieza externa (ese dispositivo) y la articulación enferma o faltante, que es reemplazada o invadida. El regalo doliente del afuera. Quienes creen que se sostienen en su propia coyuntura, el puntal implacable del *porqueyolovalgo*, ¿han pensado en cualquiera de las prótesis en las que sostenerse? También somos diálogo con esa materia muerta (viva) que entra en la corriente de la sangre, el lenguaje. ¿No es el propio idioma la principal materia que en parte nos reemplaza, en parte nos invade? Palabras como prótesis perfectas que juegan de muy niñas en la boca. Después llegarán los dientes postizos a decir que la lengua también envejece.

Incluso para quien se quiso sordo ante el afuera, los audífonos vendrían a auxiliarle. De ese modo se escucha lo que hablan entre sí *persona* y *materia de su afuera*. Como la vanidad es una flor enferma de sí misma, siempre hay que disponer de alguna prótesis. ¿Una que solo supiera habitar el silencio, la mutación y apertura ante lo otro y los otros, la tanta verdad del no-yo?

⚓

Aunque el viento es energía no puede desprenderse de la materia por completo. Lleva y trae el polen, las flautas, los mapas errados e irrefutables, el sueño oscurecido de todas las raíces. Ósmosis y amor en estas transferencias. Abismo o paradoja o guarecida que hace temblar las hojas de los álamos y trae poemas que son, a la vez, materia y energía.

$$\text{⚓}$$

«Quien se sienta a la orilla de las cosas/ resplandece de cosas sin orillas». Lo ha nombrado Ida Vitale lejos del trofeo y la excrecencia verbal. La misma pregunta sigue rondando el baile: ¿es que las cosas están desnudas por fuera y así siempre las rodea el fulgor? ¿Desconocen el nombre de su piel? ¿No saben guardarse tras ninguna máscara?

Acerco el empeine de los pies a su orilla. Nos moja el mismo mar que habrá de llevarlas hasta el fondo y devolverlas como espuma inquieta, como gota cegada por tanta claridad. Por eso no quiero pertenecer a las cosas, solo escuchar su respiración asmática o recién inaugurada o permanente con la misma compasión enfebrecida con la que ellas me miran a mí. En la materia todo suma el todo. Hasta esta escritura que ha de acabar ahogándose, cegada por su propia claridad.

SALTA el yunque con su pulmón de brasas. Un herrero, el poeta Dardo Dorronzoro, imagina una puerta de palabras que arden. Antes de ser secuestrado y desaparecido en Luján, en 1976, tenía:

- en sus manos el fuelle de los trenes, la forja de una puerta
- en sus versos una alpargata vieja, agotada, agujereada, la alpargata que caminó «fábricas, andamios o duros y calientes caminos de noviembre», «toda casi muerta»

Y otra vez, para que la memoria venga:

- en sus manos el agua, un perro, la guitarra, el profundo misterio de la noche, la forja de una puerta
- en sus versos «horribles chicos grises como la tierra comiendo tierra»

Escribió de él Jorge Boccanera: «La puerta de hierro forjado aguarda y comunica: el herrero de enormes bigotes hace una puerta para todos, y todos, cada uno, llevamos una puerta para que no haya olvido, para que circule la esperanza. Empecinadamente».

Deambulan esperanza y tolvanera, el viento que arrasa paisajes de la usura y esas chispas que brincan impacientes como crin del caballo encabritado.

Materia memorial en los metales. Tenaz, empecinadamente.

⚓

¿PERO cómo pudo desaparecer Dorronzoro? ¿La vida, desaparecida? ¿Su masa, desaparecida? ¿No habíamos quedado en que todo ha de convertirse en otra cosa sin desaparecer? Entonces Dardo es una nube inmóvil sobre el río de la Plata y no llega nunca a desprenderse o caer, ni siquiera cuando llueve con tristeza sobre los todos húmeros, o diluvia y se paraliza el aeropuerto. Ni siquiera cuando alguien confunde masa con materia pero se niega a aceptar el olvido.

En las gotas de agua está escrito el nombre de quien carece de tumba por si no ha logrado desprenderse o caer. Así es como terminan uniéndose los ríos, los lagos y marismas, los pozos y quebradas, las ciénagas. arroyos, pantanos, albuferas y esteros, los canales exhaustos de China o de Venecia. Saben que si forman un solo cuerpo de agua podrán rescatarse los nombres del olvido.

⚓

La casa de Dorronzoro no tenía llave. No la necesitaba el poeta herrero. En 1983, su libro *Llanto americano* ganó póstumamente el premio «Rafael Morales». ¿Cómo habrá sido cuando se diesen cuenta? Uno de los miembros del jurado se apellidaba Hierro (sí, José Hierro).

No hay yunque suficiente en la alegría, este respingo rojo del lenguaje.

⚓

¿A qué región de sombra pertenecen los guerreros de Xian? Ocho mil soldados, quinientos caballos y cien carros custodian el mausoleo del primer emperador de China.

Cada guerrero es único, porque lo son siempre. ¿En qué vida o qué muerte podrían hablar el mismo lenguaje? ¿No hay una materia diferenciada para cada una de estas inmensas regiones? ¿La carne es arcilla todavía fresca y la terracota un pulmón colmado de fuego? ¿Un férreo manojo de arterias que el calor ha secado en su hemorragia? Tierra modelada y endurecida en el horno, como el corazón salvaje de ocho mil soldados. Las altísimas temperaturas de la *terra cotta* brotarían del pecho en formación de batalla. Cuando la aorta grita y obedece.

Entre los guerreros los había muy jóvenes. Algunos ni siquiera tenían barba: muchachitos de corazón ya calcinado. Una sola de las cuarenta mil puntas de flecha habría podido atravesar su laringe pero ahora se escucha su silencio. Espadas, alabardas, ballestas y lanzas todavía capaces de matar. Armas de bronce aún afiladas. Un ejército de sombras oculto dos milenios.

¿Es que la materia no puede rebelarse? El emperador, que había ordenado la quema de libros de literatura y de filosofía, exigió un inmenso ejército a su lado. Guardianes de la sombra en la ofensiva final. Como si la inmortalidad fuese esta presencia de cerámica que repite mil nombres sin cansarse mientras fluyen los ríos del azogue, y sobre ellos, el nombre del imperio dispuesto para siempre en orden de batalla. La belleza ha de ser lo que resta al cerrarse el sarcófago del poder absoluto.

⚓

IDIOMA casi indemne del espejo. Sin embargo, también parece abrir su propio punto de fuga. El milagro extrañísimo del ángel que aparece tras ti cuando te peinas. Enjambre sin las bridas, tanta fuga.

⚓

EL mosto salpica los pies de septiembre. Dos hombres se sostienen uno al otro mientras salta un jugo inexperto y feliz bajo sus piernas. Liberan la sangre de la uva en tanto zapatean en un acorde alegre, aún sin alcohol. Se acompasan y apoyan, no temen sonreír. Para que no haya riña sino viña. De los cuadros de Goya, donde dos hombres se golpea-

ban con saña, con las piernas tragadas por el odio,
el garrote, la pavura más negra de la muerte, ten-
drán que borrarse las figuras. Que las reescriba esta
fiesta humilde, un canto sin encono ni dolor en
que el jugo de la tierra rectifica un país.

⚓

MATERIA es el agave y el mezcal: los nombres mul-
tiplicados de la planta y la ardiente bocanada del
alcohol en la noche. ¿Qué se inclina en esta balanza
invisible a la que aún se suman mil ramificacio-
nes? Hay una zona espinosa, árida y suculenta que
rotura la pelvis de la noche, sin tronco ni límite,
capaz de resistir a toda soledad, a su concierto roto.
Ante el papel, la fibra o el punzón, ante vallas y
cercas de algunas heredades, se dice que el mezcal es regalo de dioses pero en realidad brotó de
la palabra *noche*. De ella hubo de manar, de des-
tilar con furia y alegría el corazón mismísimo de
la palabra *noche*.

⚓

¿La materia es la paciencia con que el tiempo responde a la ansiedad de ser?

Y si fuese que sí, cuando se acaba la paciencia y llega el estallido, cuando salta la vida en sus tantos pedazos, también es momento de aprender japonés. La técnica antigua del kintsugi. Lloramos oro para unir a nosotros nuestros muertos, el balbuceo que quedó de padre, la cuchara con que dimos papilla a los niños y luego a los ancianos, un botón perdido, un guante perdido, una nube y un globo perdidos.

⚓

Hay cajas transparentes en el aire donde se acopian todos los reflejos. Las fotos que quedaron movidas, o perdidas, o rendidas. Las que tienen al lado una fecha que es ancla y las somete y fija sobre el aire, aunque quieran bailar y confundirse, subirse unas a otras, exponerse a la maledicencia y la laceración, al borrado de alguno de los rostros. También sobreexponerse.

Aunque no seas capaz de encontrarte en ninguna, aunque sangre la ausencia de los tantos queridos, aunque todos los ojos entreguen su caudal.

⚓

¿Es la belleza un órgano vital de la materia? Cada pregunta, como un acercamiento sinuoso, se abre y cierra en su propia condición, lo que queda cercado en cada frase. Tal vez en inglés, francés o alemán se viva de otro modo porque solo tienen el signo de cierre, pero, ¿qué hacemos en español, donde delimitamos un espacio entre dos sierpes ante cuyas fauces solo somos carnaza?

Escribir con preguntas se parece al amor y al desconcierto. Así habría de darse este librito. Caminar y que una sílaba aturdida se acerque hasta ti.

⚓

Si antes de nacer todos los niños son pájaros es porque la materia sueña el movimiento. Para ser, debemos arrancarnos de lo mudo o secreto o invisible en la circulación de la belleza, la inconcebible travesía de lo extraño. Quedará la placenta colmada de plumas. No hay parturienta que no guarde varias.

⚓

MATERIA es la torre de Babel y cada lengua entrando en otra boca y jugando al amor, a tanto equívoco. Si solo hay una lengua será la del deseo. El misterio que se abre caliente de vehemencia. Ese largo diálogo de un cuerpo con otro que no pueden ceder porque no hallan idioma. Un roce que envidiase la altura de los dioses. Y todos los espejos en que alguien logra descubrir quién es porque intuyó su rostro en los ojos amados.

Solo así.

Solo ahí.

⚓

UNA polilla blanca enreda en el escaparate de una librería. Para ser más exactos, se llama Letras Corsarias (la librería, no la polilla, porque a la primera la he escuchado en más de una ocasión pero la segunda es muda y de nuevo blanca). Se posa como tilde sobre algunos letreros. Donde decía «Ensayo» ahora dice «Ensayó» porque ella encarna el tiempo y lo protagoniza. Inventa su propia novela inagotable. En la vida cortísima de este animal caben varios relatos mitológicos: algunas destejen la ropa cada noche; otras fecundan orquídeas fragantes y se colman de néctar y deseo; las hay que llegan anunciando la muerte (se llevan los espíritus que vagan sin descanso). En el insomnio, podríamos contar polillas muy blancas que algodonosamente forman una nube, una oveja.

¡Pero si incluso hay polillas metálicas! Insisto en el festejo de este desbarajuste.

Cuando vuela la polilla calígrafa me obsesiono con ella: abre estigmas sin sangre en algunas palabras, es capaz de entenderse hasta con la acentuación. La llamo lepidóptera pero no me hace caso, aunque toda esdrújula exige la tilde con el mismo ahínco que pone este animal. Solo si olvido mi nombre con ángeles viene a posarse en la primera letra, se detiene un segundo al volverse crisálida. Antes ha sido huevo y larva, luego imago. La floración feliz de las metamorfosis. Aquello que siempre *confía en la gracia*. La que escribe ante ti y revolotea. ¿Cómo no bailaremos su movimiento mudo?

Anidó en la poesía reunida de Olvido García Valdés, o tal vez fue al revés: llegó del afuera y ha entrado hasta el libro. Es la melliza alada de la librería, viene a descolocarla aunque no lo notemos. Trae voces del pasado, por eso ensayó a volar como si diese lo mismo una palabra u otra: cada tiempo verbal podría rehacerse.

Así es la materia en las polillas porque encarnan el tiempo y lo cancelan, pertenecen al reino de la sombra. Polinizan tus ojos mientras duermes.

⚓

SABÍA Rilke que las cosas no nos abandonarán. Conocen el aliento amargo de la decrepitud pero siempre son fieles. Si no hay afinidad con las personas, escribió Rilke al joven poeta, «intente estar cerca de las cosas». En días desnudos por lo ácido y lo acre, cuando no parece posible soportar ni el trazo esquivo sobre la propia piel, escarban su alegría y la propagan. Diseminan un agua silenciosa. Se acercan a meterse en tus bolsillos: un botón impar y descansado, la llave del arcón de los secretos y un grumo de papel que se desentumece. En su mudez nos regalan lenguaje. Traen esa consistencia diminuta en la piedra que sigue siendo piedra por más que se rompa. La que incluso aceptará ser un pisapapeles. La que te aúpa y mira y acompaña porque no va a morir antes que tú.

⚓

CLARICE Lispector: «la sed es la gracia, pero, las aguas son de una belleza oscura». Nadamos siempre en una zona de sombra, si acaso una placenta dilatada que solo necesita musitar nuestro nombre, que nos lleva y nos trae con un cordón de gracia, un vínculo de gracia, la sangre como gracia. Nuestra sed salpica la orilla del idioma. No tememos mojarnos o caer porque nos aloja el útero del mundo, y cuando va a expulsarnos con dolor, también su inmensa (y oscura) belleza es la gracia.

⚓

Leire Bilbao inicia así *Aguas madres*: «Madres piedra, madres sábana, madres estrella, madres ventana, madres cocina, madres anzuelo, madres harina, madres medalla, madres hogaza, madres mirada, madres agalla, madres sendero, madres cuchara, madres paloma, madres liana, madres herida, madres aviso, madres aullido, madres cuchillo, madres estufa, madres martillo, madres mejilla, madres camino».

Ay, ese plural multiplicado.

Me permito añadir «madres materia». Y decir, con ella: todos nacemos de una madre (materia) que no llegaremos a conocer del todo.

⚓

Los amantes se besan a través de una tela. René Magritte ha ocultado los rostros, velados ante el otro y ante sí, ocultos de sí mismos. Es un beso imposible entre dos velos húmedos, o nerviosos, o roncos. Lienzo denso y opaco en el que se distingue una nariz (la de él), un pliegue dulce de la oreja (en ella). Si acaso la asfixia y turbación, la tela palpitante del deseo. ¿Es que en el amor nada sabemos de la otra persona? ¿O es que amar y morir son solo dos caras de la misma moneda? Pero aquí no hay moneda que brille, solo el filo azulado de la guillotina y sobre ella, el tejido impenetrable.

Su fuerza nos conmueve. Duele el cuerpo al mirar «Los amantes», porque ellos han sido desposeídos de una parte inmensa de sí mismos, del otro: la boca, el modo en que los ojos confunden y oscurecen hasta su propio nombre, el palpitar y pólvora en las sienes.

Tela ciega ante el ciego deseo.

Tela girando sobre la cabeza para ser solo vértigo, la pulsación terrible y hermosa en este vértigo, mientras el cielo es una prolongación textil hacia nubes inexistentes, un sol inexistente, una ventana asfixiada e inexistente.

Tela que es seda, tela que es reja.

⚓

¿No es una silla esqueleto del cuerpo? Cuando me dejo caer sobre una de ellas, feliz por su estructura cotidiana, recoloca cada una de las líneas, travesaño y respaldo en lo sencillo. Musita la palabra *pájaro* y la palabra *flor* porque es de huesos tiernos, es homenaje tierno al poema de Mitre: «La silla era un ave de ala portátil/ y vuelo escaso (sobre los hombros en fiesta/ pasaba la silla como una cigüeña)». Es el cielo que viene a sostenernos. Se eleva y desciende casi ingrávida porque tiene menos huesos que otros vertebrados y en varios de ellos se aloja lo esponjoso, la misma ligereza con que te aloja a ti.

La silla no es terrestre sino un modo magnánimo del aire. Su nombre es levedad y pide que le entregues el cuerpo y el poema.

⚓

«ENTONCES escribir es la manera de quien usa la palabra como un cebo, la palabra que pesca lo que no es palabra. Cuando esa no-palabra —la entrelínea— muerde el cebo, algo se ha escrito».

Clarice, Clarice, claridad de lo oscuro que nos nombra.

Agua viva clavada en el anzuelo.

⚓

El Génesis cubre mis pezones con barro. Fue la primera materia prima que emplearon lejanos ancestros pero habría preferido cualquier otra: la tierra y el agua (madre y madre del barro), un relámpago de luz contra la noche, las plumas del quetzal, varias piedras de ágata o incluso un saca-leches.

(Vale, está bien, sé que he hecho trampa y no puedo pedir luz: aunque se comporta a la vez como onda y partícula, es hija y madre de la energía.)

Todas las mujeres tapadas con barro. La boca con barro, los pliegues dulcísimos del sexo (sobre todo el sexo) tapados con barro. Los pies encerrados en zapatos diminutos de barro. Caminamos después con los huesos torcidos.

Y llegamos muy lejos.

⚓

Otra división: hay materiales innobles y moles pulidas. Lo ha dejado caer Gisela Kozak como quien estaba hablando de otro tema y de pronto ha quedado, sostenido en el aire, un pespunteo menor que se anuda a las manos, puntada y aparejo entre las manos. ¿Es que podría haber materia manca? Sin duda sí literatura manca, y vida a la que se amputó una pierna o un dedo, ¿pero podrá prescindir la materia de cada una de sus partes, estén como estén? ¿No es su amor el lenguaje de lo pleno y tullido?

⚓

Corales y gorgonias. El océano está iluminado aunque pueda ser uno de los mordiscos mojados de la sombra. Baila el coral en distintos colores y no vale tropezar en los sonidos: color y coral se aman arrebatadamente, como solo puede hacerlo el deseo ante el mordisco seco de la sombra.

La gorgonia es abanico de coral. Y el color, una de las floraciones del ojo, de la imaginación del ojo, sus texturas matéricas, los metales y minerales que junto al óleo emplea Amelia García Escoda para aprender a ser profundidad y que las vísceras entreguen sus pigmentos, porque hasta el mar escribe con sus propias vísceras.

⚓

La última falange del meñique del emperador Carlos V ha permitido, muchos siglos después, saber la causa de su muerte. En lo diminuto está escrito lo grande. ¿No es la materia, siempre, la que sabe decirse en todos los formatos? ¿La que abre y cierra esta interrogación?

⚓

Materia es la figura y el espejo. Quedará en algún pliegue de lo real el punto de rotura, un tendón levemente inflamado que une a cada quien con lo pulido o bruñido, con la boca del mercurio cantando su inquietud. Porque entre la figura y su reflejo hay un reguero casi invisible de lajas de piedra que transformaron el zapato en herida, u otra temprana formación de cristal dentro y fuera del pie. Algo así como esos restos de lenguaje atragantándose en la boca cuando no consigues masticar lo real, incluso si los zapatos son de barro y la piedra de aire y un pájaro pequeño ha caído del nido sin reverberación que lo atestigüe. Porque nada puede decir lo real si no está herido y vive y se abre antes.

UNA nube en la pupila de la oveja. Su cristalino se ha opacado y no deja ver ni el cielo ni el agua del río, *telica blanca que se cría sobre la niña del ojo*. Pero, ¿no podría ser también el agua que se rompe abruptamente en cascada? ¿Es la hija más silenciosa que ha engendrado el cielo?

En 1729 en su tomo II el *Diccionario de autoridades* no tenía dudas. ¿Por qué habría de tenerlas yo? ¿Contaríamos nubes al dormir?

⚓

EL ágata es aún la adolescencia. Lo sé porque no he salido de ese país sin pasaporte. Ven a quedarte aquí, a mi lado, mirando su fulgor.

⚓

ESCRIBE Remo Bodei *La vida de las cosas*. En ellas hemos sido prolongados. Son nuestro reverso y nuestra sombra. Son una parte más de nuestro cuerpo que intenta no chocar y concertarse. Como extensión de la mano, el oído, la pierna que pedalea en el calor, el sentido del equilibrio o la justicia. Dice Bodei que «privilegiar la cosa con respecto al sujeto humano» permite «mostrar al propio sujeto en su envés, en su lado más oculto y menos frecuentado».

Mi cabeza choca con su principio de jerarquía, con lo privilegiado de este escalafón. Estamos adheridos a su cierre, asomo de un vislumbre que no llega, si acaso este relámpago que se abriese en el cielo.

⚓

La piel es más extensa que un país pero en ella no caben ni bruma ni nubes. Hay, eso sí, toda clase de erupciones volcánicas, desiertos, simas y el tatuaje urbano del grafiti: «#NiUnaMenos», «Soldado lanzando flores», «Y la culpa no era mía, ni dónde estaba ni cómo vestía», «Preguntemos al cerezo», «Tus monstruos, mis mascotas», «Oh, muros! Habéis aguantado tantos grafitis aburridos, que me asombra que no os hayáis derrumbado» y mi preferido, el que he tatuado por completo en mi piel hasta volverla oscura e ilegible, tinta negra sobre más tinta negra: «Siempre hay esperanza».

De pronto se escapa un globo pero Wislawa Szymborska lo sujeta con un largo y transparente cordón umbilical al que todos podemos amarrarnos.

⚓

La trompeta, el violín o el clavicémbalo son solo una remotísima posibilidad de la materia. Parte insólita en un conjunto que no puede cerrarse. Metal, maderas nobles, cuerdas que son tocadas de mil modos para que broten constelaciones del oído. Pero la música no es materia aunque nazca de ahí, de la corporeidad del brazo sobre el arco, la exhaustiva exactitud en cada tecla, la férrea sumisión impuesta al hombro, el azulado tobillo, las puntas de ballet.

La poesía tampoco es materia. Ni la ausencia de luz celándose en el miedo. Ni la gravedad o ese recuerdo explícitamente amarillo de una tarde que ardía junto al agua (en que tú también ardías por amor junto al agua). Ni ninguna de las formas de la altura. Tampoco el pensamiento o la alegría que descoloca siempre comisuras y pelo.

La belleza no le teme a ninguna negación. Aflora si alguien raspa una botella con el primer cuchillo que encontró por ahí y canta para amar a sus antepasados. Cuando hacemos chocar dos latas de aceite, o las piedras, los palos de madera, una pierna y la otra ya siamesas. Cuando el pecho en el cuerpo entona el regocijo. Esa caja torácica que se llena de ti.

⚓

Rezo despacio versos de Wislawa: «en el instante de la muerte/ solicito el regreso/ de las cosas perdidas»: la habitación en que mi padre era feliz y me enseñó que la electricidad atraviesa los cuerpos en el respingo mismo del dolor; la bicicleta del abuelo al final de la vida cuando sus pulmones enfermos aún querían poseer las nubes; la alegría de una mochila azul colgada de la espalda de mi hermana. No es naturaleza muerta con un globo sino un bodegón sin espinas ni globo que contiene el primer silabario, uno de esos monjes rarísimos que pronosticaban el tiempo sobre una superficie de cartón y lograban imaginar más nubes (un higrómetro escondido que permitía distinguir si el tiempo sería seco, revuelto, con viento, bueno, inseguro, ventoso o lluvioso), varias cazuelas enormes donde hervía la sangre y una baraja española a la que le faltan espadas y bastos. Sé que nada de esto es importante pero a la materia se sumarían padres, abuelos, la hermana subiendo por la cuerda de un globo que aún sonríe.

⚓

VIBRACIÓN musical de una bóveda de aire que no teme a la muerte.

Partitura de estrellas que se adentra en la noche. Cuando a alguna le diagnostican colapso gravitatorio y no hay ibuprofeno suficiente, sigue su luz llegando hasta nosotros. Reverbera latiendo en el oído. En el cielo se suman teclas negras y blancas que pulsan tu presencia cuando alzas la mirada.

⚓

Los melómanos militan también en la materia aunque sepan que la música desata todo broche, solo puede pertenecerse a sí misma.

De todos modos, los melómanos distinguen con precisión las costillas del piano de las propias. El teclado perlado de ese animal bellísimo, con su vocación de equilibrio entre la luz y las sombras, parece estar durmiendo pero nos tararea. En su condición de aire y tabla armónica reconoce los rostros de la felicidad. Escribe lo inasible en los macillos porque el piano dice lo que no sabía. La materia es siempre aquello que logra acercarnos a lo que no sabíamos. Habla una lengua que no reconoce, o al menos no por completo, o al menos no en todas las partituras de la imaginación. Amor en lo posible e imposible.

Caja de resonancia que no ceja.

⚓

CUANDO fue bautizado como «clavicémbalo col piano e forte», el piano necesitó de alguna abreviatura. No se podía prescindir de su innovadora flexibilidad dinámica como no se prescinde del color o la forma, pero cayeron algunas palabras de la larga perífrasis inicial. Así ocurre en todo caso con lo que conocemos: si acaso una superficie de ébano, si acaso los pedales, el marfil, varios afinadores y todo aquello a lo que renunciamos (como ese hermosísimo antepasado de la palabra «bullicio» que era un amuleto al cuello de los niños romanos) por si nos permiten zambullirnos en la luz del sonido.

⚓

Uno de los primeros pianos construidos era de ciprés, boj, latón y diversos materiales. Quien describe técnicamente un objeto tal vez no necesite detallar cada porción minúscula de un todo, pero la música se apoya en la madera, el metal y también «diversos materiales» que vaya usted a saber qué son: piel de búfalo, alambre de hierro entorchado, acero fundido en una sola pieza, fieltro sin escultura ni raíz y la nieve y la sombra que brotan de las manos cuando tocan.

⚓

EL instrumento más sencillo que conozco es la caja torácica.

Hueso sonoro que abreva en la garganta su vuelo ronco.

Tiene que haber sido, necesariamente, la primera arca de la alianza, la que firmó un largo tratado de paz entre la materia y la energía, obligadas a entenderse en ese estrechísimo espacio corporal.

Cuando canta Sheila Blanco y convierte sus clavículas en instrumentos sonoros, se llena de pájaros negros la cárcel caliente de los desvelos.

Féretro vivo como estuche que alberga sueño y castigo.

⚓

TAL vez la caja del cuerpo sea la madre del cajón peruano porque hacer decir al pecho es el primer lenguaje posible. Luego queda inscrita la violencia y la expulsión sobre palmas y dedos de los percusionistas, pero eso corresponde al territorio del luego.

MATERIA es el latido veloz de la imaginación. Nace de todas partes. No hay librería que se precie en que los libros no se abran en la noche: están atentísimos a verte llegar mientras sueñas. Abren habitaciones antipánico. Pueden mejorar cualquiera de las salas del llanto o de la ira, no preguntan tu edad o ubicación, el último diagnóstico clínico, las veces que querrías comer tierra. Solo musitan, sin saberlo, tu nombre.

⚓

TENEMOS un lugar «en la familia de las cosas». Lo ha escrito Mary Oliver y quiero volverme un ganso salvaje, lo contrario de cualquier delicado animal para que no se me olvide que el mundo se ofrece a la imaginación y anuncia este esplendor y pertenencia. Así puedo acercarme a la mano de Mary: «Háblame de desesperanza, la tuya, y yo te contaré la mía./ Mientras tanto el mundo continúa./ Mientras tanto el sol y los guijarros claros de la lluvia/ avanzan a través de los paisajes,/ sobre praderas y árboles profundos,/ las montañas y los ríos./ Mientras tanto los gansos salvajes, altos en el aire limpio y azul,/ se dirigen nuevamente a casa».

⚓

En los inventarios se dice, muy ordenadamente, que hay planetas y exoplanetas. Algunos son estériles, o hinchados, o superhabitables. Los hay de hierro, de lava, de carbono y de hielo. Un tipo se llama enana marrón. Algunos se afantasman, nos persiguen. Están y no podemos observarlos. En su presencia ausente son una forma hermosa de inquietud. Cuando se pregunta qué hubo antes de nosotros, Rosa Berbel contesta: «Y era tanta la oscuridad del mundo/ y era tanta la urgencia de palpar los objetos/ para poder nombrarlos,/ que todos los idiomas eran táctiles».

Entonces decido prescindir de los guantes y de toda protección profiláctica para pulsar las sombras, su hendidura.

⚓

VIVEN las cosas en los bolsillos de madre: la larga genealogía de las nubes y el barro, un chicle pegajoso y divertido más parecido ya a la tela o a la piel y piecitas minúsculas de miedo. Más al fondo están unas botas de agua que no pudo tener cuando era niña y todavía duelen al nombrar la carencia, aunque solo reluce el rojo botón de la primera sangre.

También viven las cosas en los bolsillos de la tierra. A Gabriela Mistral le escribió una carta hermosísima María Zambrano tras regresar de Chile: «cuando salí para España, un grupo de mujeres me trajo un ramo de espigas que yo tuve conmigo en Valencia, en Barcelona. Y cuando hube de salir entre aquel medio millón que pudo hacerlo, lo dejé enterrado allá, cerquita de la frontera de Francia, en tierras catalanas. ¡Quizá haya germinado y algún grano de trigo de su tierra brotara en la mía, tan dolorida!...». Necesariamente tuvo que ocurrir así: cada grano ha desatado sílabas de la palabra futuro, y espiga, y mujerío. Conspiración en la materia que ha de volverse cómplice para que justo antes del exilio, el trigo traído desde Chile abrazara esta tierra enrojecida de sangre. Grano como botón en tanto amor.

Sı en medio de una guerra, evacuado por la gravedad de la situación, el poeta llegase a una casa requisada y al preguntar por sus antiguos dueños supiera que habían sido fusilados, ¿dormiría en esa cama?

La respuesta es que quiso dormir sobre el suelo, no ingresar en un espacio en que los tejidos podrían estar cuchicheando aún, esa intimidad latiendo todavía. Quiso estar al menos a su propia altura. Por eso, abajarse hasta la alfombra, tal vez hacerse ovillo.

Era Tarancón, camino de Valencia. Se llamaba Antonio Machado.

⚓

Un martín pescador bucea en las piedras verticales de San Juan de Duero. Casi no se le puede distinguir. Parecería haberse unido en argamasa a los muros, su corazón y el de la piedra del mismo color macilento si no fuese por el inaudito temblor de la vida. La luz le regala el camino, los olmos, la reverberación inacabable de las aguas y cada letra feliz de la palabra *agosto*.

Entre ese mes del año y los olmos, viejos y renovados cada vez, se duplica preciosa la vocal. Una boca redonda diciendo las mañanas: el pájaro lo sabe y precipita.

⚓

Los objetos nos dejan soñar. No imponen ninguna visión, ningún lenguaje. No son solo lo que son sino lo que podrían ser. Escuchar su voz de níquel o de piedra o esparto se vuelve pleno, incluso imperioso.

Porque la poesía (es decir, uno de los nombres posibles de la belleza, que incluye también escuchar el sufrimiento, la expulsión, la asincronía) mantiene activo el deseo. Es deseo. Eros improductivo, plenitud de lo que solo quiere ser. ¿Es que hay algo más grande que ser? ¿Sin sustantivo ni adjetivo, solo un verbo que llena las páginas, los órganos blandos en que aún somos? *Todo órgano blando ha de caer. Todas las partes blandas se perderán.* Pero no aquí. No ahora. No en esta exactísima plenitud llamada minuto. No en las páginas blancas de este libro.

⚓

En una conversación sobre pájaros con el poeta mapuche Elicura Chihuailaf, brotan los vencejos y persisten largamente sobre el aire. Desde el sur del sur, él pone a volar las bandurrias, que anuncian el viaje y el clima con su timbre bellísimo y ajeno. De pronto todo se llena de música y de alas porque sur y norte confunden coordenadas.

⚓

«Clarea lo Invisible; lo Oculto revela su verdad». Habla Emily Brontë.

Amontono piedritas de silencio en sus fonemas.

⚓

Es materia la carne y lo es el mármol. Se abre un abismo abrupto entre la víscera roja que palpita y la serenidad helada de la idealización. Hugo

Mujica transita esos parajes, los escucha arrebatarse, dolerse y contenerse: «el combate continúa, el de la unidad escindida o el de la escisión como unidad, unidad sometida a la escisión y escisión anhelante de unidad». Somos Jano y un rostro devora y ama al otro incluso bajo el mármol.

⚓

Dos mujeres sordomudas dormitan en el tren. Es tan rápido el paisaje como lo son sus manos cuando se despiertan. Las mueven deprisa y con ellas se ríen, parecen discutir, comparten un enfado que no entiendo. Esa expresividad veloz del adentro y afuera, mientras se afila rápido el riel, llena la mañana de gotitas de asombro. Solo las nubes están detenidas, bellamente inmóviles, sobre el AVE que está llegando a Córdoba. La indómita sequía amenaza al vagón y me pregunto si no podrían ellas, con sus vertiginosas y momentáneas manos, llenarlo todo de plumas y convencer al agua.

⚓

Hay una inmensa goma de borrar en el lenguaje: podemos borrarlo casi todo, hacer invisible la injusticia, los menores no acompañados, una sierra eléctrica o hasta la muerte. Pero la única borradura que quiero aceptar es la que trajo el nacimiento, aquella en que la infancia nos hacía y rehacía con gomas de nata (¿las sílabas blancas de la leche?), o con miga de pan, o con tijeras romas. En *La persona regresa, o novela*, Luis Moreno Villamediana recoge lo que venía «de las revistas de muñecos que pueden cobrar vida, de las/ revistas de maniquíes amarillos, de las revistas de verano, de/ las revistas de aves, de las revistas de prototipos de/ helicópteros, de las revistas desordenadas   con tijeritas/ recortábamos torsos de plástico lana dorada sombrillas/ trajebaños picos de tucán hélices grises lo que fuera cabuyas/ clavos de olor conchas nacaradas brillantes». Ese carnaval, «porque uno qué es sino un tinglado».

⚓

En el cuidado del padre enfermo, cuando es áspera la liturgia de irse a dormir, surge la pregunta de Tomás Sánchez Santiago: «¿Y todavía más barrotes en la cama? También es un confinamiento el sueño. Pero sus troneras nos conducen a un territorio de libertad». Me agarro con fuerza a sus palabras como lo hace él con esas «afueras locas y luminosas», esas «orillas desmadejadas» a las que a veces empuja con alegría la noche. Aunque, si en el sueño nuestro cerebro crea recuerdos, los solidifica desde dos regiones cerebrales distintas y son inmateriales, ¿cómo es que nos permiten levantar cada músculo, auparnos sobre el día y su bancal de luz? Mientras el padre se va perdiendo entre la bruma de su propia memoria desgastada, ya casi desmadejado, abrumadoramente vulnerable y hermoso, lo imagino soñando un afuera de infancia.

⚓

SOLO cabe la perplejidad: son materia el árbol y el hacha que lo corta. ¿Qué clase de conversación tienen lo vivo y lo inerte? Incluso en los posos del café se lee un futuro perfecto o imperfecto. La conjugación de varios tiempos verbales. La semilla en el vuelo cuando el mirlo termina de caer abatido.

Podrán derrumbarse las nubes y ramas pero hay un fúnebre y fértil y festivo darse de la simiente que ha prendido lejos. Materia que no teme a su propio clamor.

⚓

BLANCA Varela escribió un libro de barro. Ella sabía del dolor de los huesos torcidos. La he visto hundir la mano en la arena: «encuentro la vértebra perdida. La extravío al instante». Por un momento me pareció posible que el hueso de la espalda correspondiese al pie, pero extravío y vértebra abren un diálogo doloroso y mudo, un anchísimo espacio en que la luz no alcanza, tan solo lo ciego y lo amputado donde ya no puede girar ningún planeta. Entre tanta extrañeza de barro, en su viscosidad, su cercanía con las formas más blandas, parecen caer y sobreponerse figuras. Podríamos amputar o colocar cabezas. A un cazador le faltarían las manos o los pies.

Así la poesía se arroja entre lo atroz, como si se tratase de hacer ejercicios y fuesen materiales. Como si todo se dijese en un lenguaje táctil.

Entre los petroglifos, la impresora y esa nube digital que no sabe inmutarse, cada signo convoca tu presencia. No faltes, entonces no faltes. Tienes una cita con tu ser, los otros seres. Solo somos en los tantos vínculos. Ascienden todas las voces con desparpajo y se enlazan en cordón, se suman en un ábaco.

⚓

Tanto va el cántaro a la fuente que se llena de agua.

Si es de barro, la mantiene fresca desde hace varios milenios. Llega a cada garganta con la misma alegría desbordante del inicio, con su frío festejo de moléculas que jugarán a esconderse tras los dientes, debajo de la lengua, en la pupila niña que todo lo registra. Es cierto que no nos bañamos dos veces en el mismo río pero bebemos la misma agua inédita al menos desde que los griegos la guardaron en la palabra *cántaro*. El término, escondido también bajo la lengua, nos sigue acompañando hasta el presente. Un cántaro roto, ¿qué es sino morir, guardar silencio?

⚓

«Es casi un milagro/ que las cosas existan. Por/ ejemplo: el cielo gris,/ la mano, su tersura ya perdida,/ la pura materia. Mas,/ se dice, no es un sueño, es/ mi sueño real, la confluencia/ irrepetible del vacío/ en el ojo de la lengua». Así comienza un poema de Misael Ruiz. Después nombra la ausencia, la sombra, las montañas y estrellas. Repito gozosamente la fragua y el milagro, el vacío en que se asienta la conciencia (de la materia, de la lengua).

⚓

NADIE es una isla. Como en las palabras de John Donne, puede escucharse el diálogo fértil y vivo de los continentes porque las islas son materia desgajada sobre otra materia distinta, la del agua inquiriendo en todas partes, y entonces se impone la certeza de que toda isla está vacía por definición. ¿Acaso aceptaría compartirla el mar? ¿No ha de amarla tan solo para sí? Tal vez sea una más de las formas de lo imaginario, aquello que juguetea en la propiedad conmutativa y el *vesre* de un legado en que una isla es nadie.

⚓

PEDIR asilo en la tierra de mis muertos. Haber sido materia y que se borre, que vuelva hacia la larva y sus metamorfosis, la entrega y cesión de cada mito, el nombre propio y el nombre común, aquellos topónimos que atravesamos como si fueran puentes. Quedará solo entregarse a las brasas y que soplen sobre ellas mis dos hijos. Incluso aunque el lenguaje tenga las encías muy débiles.

⚓

Y en la noche que borre el verbo ser, tanto si es buena como mala puesta, que haya *justicia* y *rebelión* y *aurora*. Que el poema de Claudio Rodríguez nos absuelva. Que el sol se ponga en el silencio ámbar de este heliotropo llamado corazón: oxígeno, energía enamorada.

CUANDO escribió Lucrecio en *De la naturaleza de las cosas* que constantemente se reparan «de su menoscabar todos los cuerpos,/ y los vemos llegar a plazos fijos/ a aquella perfección que les compete» porque «la división de la materia tiene/ límites invariables y precisos», se iluminan al menos veinte siglos, la alegría intacta de poder percibir la perfección, el bello esfuerzo de afirmar que todo es materia o vacío y cada evocación de ruina o muerte que trae siempre liberación del miedo. ¿No es ese el mayor don de lo posible?

⚓

QUIZÁ lo extraordinario de la materia es que no tiene pretensión de totalidad pero parece un rostro del amor absoluto. Sin embargo, no desea ocuparlo todo. No es como esas palabras temibles que aspiran a colonizar el resto del universo, no se lleva bien ni siquiera consigo misma porque alberga lo mayor y lo menor.

Desde luego, su antónimo no puede ser antimateria ni tampoco espíritu, aunque la materia es tan generosa que admite los adjetivos que queramos añadirle. Se parece a los animales y a los árboles, que aceptan un cambio de nombre y otro y otro más sin morder ni el tobillo ni el idioma.

Materia oscura, materia vibrante, materia expandida, materia inter-especie, materia convulsa… Su intensidad es abrumadoramente oscura, abrumadoramente diáfana. Esa felicidad.

⚓

¿CUÁLES serán los *objetos maravillosos*? La pregunta permite dividir en dos el mundo: los que recuerda Marosa di Giorgio y los que no resuenan en nadie, los apagados en su propia y mortecina respiración. A la primera categoría pertenecen «los repollos acresponados» («de la porcelana más leve»), las «altas acelgas azules», el «tomate, riñón de rubíes», cebollas, espárragos, papas, víboras y «el humo del tabaco de las luciérnagas, que fuman sin reposo».

Si alguien cree que este festín puede ser derrumbado en la ventisca o abatido con un puñal de hielo ha de escribir una reclamación escrupulosa y muy larga en el libro de las eternidades. Que todo sea infancia: el huerto y el idioma.

⚓

EL ábaco es delicada y persistente suma. Añado a infancia algunas redundancias: hermana, sana sana, niña anciana. En 5000 años de antigüedad, el ábaco ha contado piedras y asteroides, el grano, los kilos de vellón, soldaditos de plomo, todos los nombres del miedo y un número insoportable de esclavos. También mujeres y ovejas que poner a parir.

⚓

SI anotáramos todos los adjetivos que acoge la materia, habríamos de cerrar por derribo esta pequeña edificación de 16 centímetros de alto por 12 de ancho. Una isla del archipiélago de Liliput dormida en un grano de pimienta.

⚓

Si anotáramos todos los topónimos formarían una gran montaña de sal. Luego se disolverían, porque en lo singular también ondean el agua y una alegría que nos une: Cantalapiedra, Buenamadre, Arroyo de la Luz.

Y el miedo que nos une, el odio que nos une, la muerte que nos une.

Tarambana, Balanegra, Matagorda.

Matajudíos.

Humilladero y Peligros.

Varias Peleas: de arriba, de abajo. ¿Y los lados?

Ea.

⚓

Si anotáramos todos los libros imprescindibles, las *posibilidades en la sombra* serían crecederas. Es un título de Mariano Peyrou. En él «un río/ es el estado sólido de la liquidez./ Una montaña es el estado/ líquido del cielo,/ o el estado sólido/ de las ganas de subirla. Y tú tal vez/ seas el estado sólido de mis ganas de/ tocarte».

Escribir podría parecerse al estado gaseoso: no tiene ni forma ni volumen fijo (su reto es la forma, está ávido de forma); puede expandirse y comprimirse porque se pregunta constantemente por su propia naturaleza y sus partículas ocupan todo el espacio del que puedan disponer. Sueña con la totalidad, con ser totalidad. Ahí, su trampa y maravilla posible. Es el río que arde cuando entra en la noche y la montaña que desliza gas magmático hacia los afluentes de la altura. Solo tú, al leer, serás quien reúne todos los fragmentos, los tres estados de la materia, las imposibles combinaciones que genera este amor. Manantial de belleza en el kintsugi.

⚓

En los quipus, todo un modo de contar y decirse: cuerdas y nudos de diversos tamaños, colores y formas con que el imperio inca registró censos, cosechas, ganado. Las estrellas del racimo de las Pléyades. Como libro y mapa estelar, como una de las tantas abstracciones con las que la materia se pronuncia. ¿Cuántos lenguajes necesitamos, su sintaxis abierta e imprevisible para que del cielo caiga una estrella fugaz y podamos soñar su cercanía?

«La fotografía implica que sabemos algo del mundo si lo aceptamos tal como la cámara lo registra. Pero esto es lo opuesto a la comprensión, que empieza cuando no se acepta el mundo por su apariencia. Toda posibilidad de comprensión está arraigada en la capacidad de decir no». Cuando escucho a Susan Sontag (¿podré decir *escucho*?), sé que la materia nos fascina porque siempre es lo que es y otra cosa que ningún espejo ha conseguido atrapar (una cámara oscura en la que no hay ventanas u orificios, tan solo el dorso arisco de la palabra *no*, dormida sobre el suelo). También a ella le parece imposible ocupar ese espacio de intimidad y sábanas que fue habitado previamente. Ovilla las hilachas de los significados.

☉

Ser tinglado. Saberse distinto e indistinto. En diálogo, o transformación, o metamorfosis (gracias, Moreno Villamediana, por decirlo *así*).

MADERA a la que le han brotado cordones en una exposición del Museo Reina Sofía. Madera que camina más allá de su raíz. En días de incendios pavorosos, llamados de última generación (como si el fuego fuese hijo del principio evolutivo y atendiera ordenanzas de la muerte), hay madera que parece lana y piel, que parece despojo y escombrera. Se entregará al incendio y a su voracidad. Cuando libera tal cantidad de energía que surgen corrientes convectivas en el aire y unas nubes llamadas pirocúmulos, cualquier analogía rompe a arder. Por eso hay madera en los museos: una pieza ya casi inalcanzable, la excepción del cordón para salir corriendo.

⚓

JUNTO a la fuente también se rompe el cántaro. Entonces mi padre se pierde en su vejez, en ese laberinto pegajoso que no tiene ni a Ariadna ni a Teseo: solo quiero ser su hilo y no lo logro. ¿No alcanza tan lejos el cordón umbilical? ¿Se puede ser la madre de nuestro propio padre? Todo lo que fuimos nos excreta pero nada puede decirle al sufrimiento.

⚓

Trece horas de avión Madrid - Buenos Aires. Al llegar al hotel del Festival de poesía, una bolsa aguarda con información y un libro. Se titula *El cansancio de los materiales*. Sonríe cada fibra entumecida, la rotación lentísima en los codos, la pierna flexionada sobre sí, el trastorno del ritmo circadiano. ¿Podría haberse elegido otro libro en esta extenuación? Todo libro es materia ineludible (para leerlo o calzar muebles cojos) pero este, que ha escrito Leonor García Hernando, estaba esperándome con palabras exhaustas: «los objetos tenían una descarga de ahogado/ estancado entre maderas/ y las ventanas eran clavadas/ y la gente que huía, esperaba en los aeropuertos con lastimosas miradas de animales que la fatiga arrastra».

Cuando me empiezan a zumbar los oídos ya no sé si es un cambio de presión o un delta de la sangre que se estancó en la boca. Estudiar los materiales aeronáuticos solo induce a mayor melancolía:

fisuración, eventualmente rotura del metal, el plástico, la goma, el hormigón, la miríada de miedo del migrante. Los análisis lo indican sin dudarlo: se pierde ductilidad y resistencia, aumenta la incertidumbre sobre la duración. Fémur y fuselaje fatigados en la febril juntura de vivir. Que la sangre derrame toda merma y otras vidas comiencen su hemorragia.

⚓

HAY cántaros frescos, rotos, destilados de duelo. Los hay monocromos y otros multiplicándose en asas, cinturones y cuerdas ante el enorme vientre de lo líquido, en el estetoscopio que quiere auscultar lo real. Cuando canta el agua no hay barro suficiente con que enfriar su nombre.

Por eso se quejaban Heidegger y Bodei. Yo me duelo con ellos: «para el pensamiento técnico-científico, que pretende captar las cosas antes y mejor que cualquier otra experiencia, el cántaro es el resultado del trabajo de un alfarero y su cavidad está llena de aire. Esta postura —que se hace remontar a Platón, quien privilegia la producción de los objetos sobre la base de una idea— mutila la comprensión de la cosa».

⚓

CUELGA un tapiz de la poesía de Charles Simic. Cae del cielo a la tierra y soy el vacío. No una de las mujeres que siembran arroz, ni la columna de humo, ni la pareja en su noche de bodas, ni la luna o el río. Cuando el tapiz cuelga del Motel Paraíso, hay millones de muertos, todos inocentes. Y en el momento mismo en que la historia se lame la sangre de los labios, no sé cómo salir del lugar del vacío.

⚓

LADRABAN animales mientras algo se dice. Es la voz de Victoria de Stefano: «No estoy hecha del mismo material que mi perro». Sí, o no, pero, ¿cómo no sobrecogerse ante las certezas científicas? La secuenciación genética nos aproxima enormemente a muchos animales, de los que seguimos alejados a años luz.

En el corazón mismo de galaxias remotas, la eterna pregunta por lo humano. Su abismación, sus agujeros negros, la convicción feliz de lo inefable.

Cuánta materia nos une a la materia.

Con los chimpancés compartimos un 99% de nuestros genes. Sabemos, claro está, del bipedismo, el desarrollo de un cerebro grande y un lenguaje altamente complejo. Acercarse a ese precipicio es balbuceo roto de un abrazo común. Compartimos materia, esa alegría.

Quienes estudian nuestra escritura molecular incluyen procesos de mutación subyacentes y restricciones de la selección, pero compartimos materia, esa alegría.

⚓

SE ha detenido el baile de los pájaros. Las nubes también registran lo inmóvil, despliegan largos parlamentos de cristal y anotan uno a uno los vencejos, las plegarias, las hojas podridas del otoño y esos tumores redondeados que crecen en los robles (los llamamos agallas o abogallas; con ellos hacíamos bolitas de luz aferradas al cuello porque la enfermedad también es materia y nos contiene).

Se ha detenido el baile de las nubes. Los pájaros registran en largos pentagramas de cristal la ennegrecida sombra del ciprés.

Quieto el cielo. Está mudo mientras contempla cúpulas y cúspides, pararrayos, pináculos, capiteles y torres, las formas de nosotros que quieren ser la nube y quieren ser el pájaro. Respiramos de agallas, en la agalla. Materia que siempre se abre a lo otro, en la salud y en la enfermedad, todos los días de la vida.

⚓

AL menos son necesarias cinco insistencias, las de Eduardo Milán en el poema «Coda»: «no conozco un objeto que se pregunte qué es/ no conozco un objeto que se pregunte para qué/ no conozco un objeto que se pregunte dónde/ no conozco un objeto que se pregunte/ no conozco —en el puro de cielo, azul celeste/ con sol, sin sol, no cuando llueve, gris—/ verde apagado de lluvia sobre el campo/ esa lluvia donde ni ella se oye—». Solo en el poema ocurre lo que no ocurre, y tal vez hay neblina, o una de esas ciclogénesis que llevan tu nombre, o la lluvia vivaz de las perseidas, y no importa ni lo que dice el objeto ni lo que dice el poema, solo el modo en que una nube quedó atrapada en las valvas de nácar de tu boca cuando preguntas qué eres, para qué o dónde, y sigues preguntando sin que sea necesario responder.

⚓

En los museos la materia siempre se sorprende. Conoce lo fantasmagórico o turbulento o ancestral. Incluso cuando pone «Obra retirada temporalmente» hay que detenerse a mirar la pared, desnuda y altamente vulnerable, silenciosa y frágil ante su escisión del todo. También la ausencia de materia es uno de sus rostros, el más enigmático, el que no sé decir.

⚓

Si el cuadro es «La habitación de un viejo marinero», ¿cómo es que solo hay objetos detenidos de lo que fue oscilación entre proa y popa? A veces aparece un bosque y creemos imaginarlo rebanado en el bauprés o el palo de mesana, dentro de un barco dentro de una botella dentro de la boca ilegible del mar, pero el mar es siempre movimiento y el árbol va creciendo en el centro mismo de su corazón, sobre cada aurícula o anillo para que los marineros crean tocar la tierra. Solo así podría detenerse lo vivo.

⚓

Museos en los que hay gasas y sillas y cortinas sobre las que nadie repara, imprescindiblemente grises, de ese gris que es la ausencia de todo color, un tono tan neutro y desvaído que es como si todos los colores se hubieran restado entre sí, como si se hubieran arrancado a mordiscos la luz y luego hubieran decidido dormirse.

Museos con escaleras que no saben subir y esas zonas en las que a la vez contemplas el piso superior y el inferior mientras un pájaro ha sido colocado en medio de la pieza, o tal vez un plátano que se va ennegreciendo y ha sido arrancado a mordiscos.

Museos a cuyo inventario también pertenecen quienes custodian sus límites, las zonas de paso, las señales invisibles de la autorización. Parecen obras de arte silenciosas, son sin duda el regalo más acabado del lugar. ¿Cómo es que nadie se detiene ante su paso lentísimo? ¿De verdad nadie repara en su silencio? Quedan colgados de vitrinas como hogazas de pan a punto de cocerse porque nadie puede imaginar la boca de los otros. Quien pinta pan como hizo Manuel Colmeiro en figuras que carecen de boca, tal vez estaba ya pensando en ellos, en su amor al color del cereal. Amor mancomunado y cereal.

⚓

Rafael Cadenas: «Con la palabra "materia" se le da otro nombre al misterio». En ese temblor, el de la gota de agua que no conoce el exilio, me miro como si fuese un espejo errante y busco la alegría más profunda, la que viene del simple hecho de ser.

⚓

Rafael Courtoisie escribe un «Apócrifo de Rafael Courtoisie» que aún me da frío: «El lago Michigan en invierno es una nevera abierta, las manos se congelan dentro de los guantes de lana, la nariz se congela detrás de la bufanda, uno va caminando, habla solo, camina solo contra la ventisca, piensa algo. Para que el pensamiento no se quede quieto y se congele dentro de la cabeza uno lo expulsa, uno lo dice, habla solo, dice cualquier cosa: "motherfucker" y la palabra enfrenta la claridad del aire, se congela, hace "crack" debido a la baja temperatura de la atmósfera y cae sobre las baldosas», «como un pedrusco, como un diamante facetado pero asimétrico, como una joya roma cae en el suelo y estalla en pedazos transparentes».

Recojo uno de esos pedazos, es transparente y por eso no puedo verlo ni escribirlo aquí, salvo que deje un blanco parecido a mi propia respiración en esta página:

Sin embargo, todo hueco le pertenece a la materia de algún modo. En las cumbres alpinas, dos montañeros tropezaron con el cadáver de un hombre del Neolítico. El hielo lo conservó intacto al menos cinco mil años. Sabía ya cómo pedirle a la piedra que fuese mortífera porque junto a él había puntas de sílex colocadas dentro de un carcaj, pero no supo pedirle al tiempo que lo protegiese de todos los turistas, que se llevaron fragmentos de ropa y varios de sus útiles para ponerlos en un lugar que olvidarán muy pronto.

Estaba herido (una punta de flecha alojada en el omóplato izquierdo indica que fue asesinado), pero ninguna tomografía registra las palabras que cayeron de su boca. Tal vez algo parecido a «motherfucker». Sobre una esquirla transparente del lenguaje se acomodaron la nieve y la sangre, todas las personas que ha tragado la tierra y algunos milenios, gélidos e inescrutables.

⚓

TAMBIÉN se escribe en la extenuación, en el extremo abatimiento. Si las preguntas no son materiales, lo es el rostro que podemos oler, que nos conmueve. Releo *El libro de las preguntas* de

Edmond Jabès: «Apenas aguantas la voz insinuante de las cosas que, incurvándolo, permite al silencio contemplarse en el silencio.

Ah, espejo, donde los sonidos se asemejan a las mariposas que se han despedido de la flor.»

No puedo ser ni mariposa ni espejo ni la flor que suelta un pétalo de muerte ni el silencio vivo ante el silencio, pero sí el tú de un rostro fragmentado y errante que te busca.

⚓

FRANCIS Ponge se situó del lado de las cosas. ¿Cómo no aceptar esta invitación a mirar desde perfiles y ángulos inéditos? En un largo poema titulado «El Sena», Ponge nombra el río como «brusco esclarecimiento del paisaje», como «súbito claro» ante el que aparece una sintaxis afilada: «De tal claridad, que parece afectar no solamente a la superficie, sino también al interior mismo de la tierra, me acuerdo también (o la percibo) como de un par de tijeras abiertas cortando un retazo de seda estirado. Ya saben, cuando la hoja inferior avanza invisible bajo la tela, aflorando brillante a medida que el tejido, en este caso un tejido de asfalto y de piedra tallada, de edificios de piedra, es cortado. Y la hoja superior, que avanza al mismo tiempo, pero que pareciera tan solo seguir a la otra, esa hoja superior no es sino la franja de cielo que corresponde al río, a su vez hoja inferior de nuestras tijeras abiertas».

En esa duplicidad de hojas (las de las tijeras, las del libro en que las veo moverse), el objeto cortante también me modifica. Imaginé tijeras sublevadas que niegan su condición y su uso, que amputan su propio lenguaje como quien se arranca la lengua y la lanza al tirano.

Incluso las llaves que soñaron las tijeras serán umbral y llaga porque su rostro es la diáspora.

Me recuerdo siempre que toda aleación es necesaria.

Y la rima, ¿será una forma de aleación verbal, también necesaria?

⚓

Si fuese irreemplazable (que lo es) una *historia del tacto*, habría que llamar ya mismo a Sergio Navarro. Su preciosa osadía. Escribe para que seamos infancia y juntemos un par de piedras con las que hacer un nido. Dentro nos quedamos a cantar la lengua del primer día, extraña y viva. Convicción de las manos en su escucha, siempreviva.

⚓

Para Basilio Sánchez, «escribir es trabajar con las manos». En las mías replico su profundo deseo de acercarse a las cosas «y cuidarlas», como ocurre con esta hoja blanca que podría ser sépalo y ser ala. Las suyas (manos y hojas) se suman al *baile de los pájaros* y cuando se detienen en el cielo, nace un resplandor que lleva al árbol «de la materia oscura a la materia inflamada».

¿A qué nombre de la materia le pertenecemos? ¿A todos a la vez porque nos habita la multiplicidad? ¿Ese largo tapiz de raíces con que los alisos recubren la tierra? Y en cada raíz, ¿la herida que ha de darse hacia la luz? ¿Hacia esas rocas inverosímiles que todo lo rodean, rojas por el trasvase de la sangre?

⚓

Es mansa la materia pero la pido libre. Permite las jaulas humanas, las concertinas que elevaron vallas, la picana, la voz de la metralla. ¡Pero si somos siempre aleación de otros! ¿Quién podría imaginarse metal puro? Ni en el salto pequeño de una palabra a otra, el puro metal, que no es lo mismo pero se le parece.

⚓

En el despacho de Ramón Gómez de la Serna: una pistola, una llave inmensa, una mano sin brazo, incluso un libro. ¿Qué hará aquí tímido y cerrado, vuelto sobre sí? Habría sido muy fácil traer hasta esta mesa decenas de greguerías: «Los guantes adquieren manías y posturas propias, y en la soledad hacen gestos de los que han visto hacer a sus dueños», o bien «Cuando recogemos el guante caído, damos la mano a la muerte», o esta tan frutal aunque sin manzana: «Da vergüenza abandonar el guante inutilizado del plátano, que en una mesa bien servida hubieran debido enviar al tinte antes de servirlo». Pero frente a las gozosas y brillantes greguerías (esas «fatales exclamaciones de las cosas y del alma al tropezar entre sí por pura casualidad»), la pistola sigue latiendo años después de la muerte. En su recámara (la del despacho, la del arma) se contiene lo amargo y lo cruel, pero si la pistola tiene vida propia y escupe hasta las balas por sí misma, el libro canta su verdad incruenta.

⚓

ROBERTO Juarroz ha encontrado «el lugar justo donde se ponen las manos,/ a la vez mayor y menor que ellas mismas». Me acerco a preguntarle cuando los dedos empiezan a no pertenecerme, a ser en realidad la artritis de mi madre, la herida del dedal y la lejía, las décadas sin bronce ni caballo. Y sigue el poeta: «He encontrado el lugar/ donde las manos son todo lo que son/ y también algo más.// Pero allí no he encontrado/ algo que estaba seguro de encontrar:/ otras manos esperando a las mías».

Entonces me doy cuenta de que yo también puedo contarle algo a él: si miras las manos de la madre mientras va envejeciendo y se colman de

nódulos y manchas, pulverizas tus ojos, los arrasas.
Entonces brotan otras manos debajo de las tuyas
y en realidad hay cuatro, han quedado soldadas
para siempre. Protuberancia y un sordo cartílago
del dolor, del amor.

⚓

CAMINO entre hojas caídas y de pronto una de ellas
dice viento, o mineral truncado en el derrumbe, o
luz que va manchándose de sombra, como si todo
profiriese siempre un nombre diferente al suyo porque en cada nervio de la hoja hemos imaginado
por analogía nuestro propio sistema nervioso y
al pensar en el tronco del cuerpo, los árboles nos
ayudan a ponernos en pie. No es que importe si
fue primero el huevo o la gallina sino vibrar en la
totalidad de hojas, viento y minerales truncos: el
momento total del amor en que alguien camina
por un bosque y se detiene a abrazar un tronco
justamente porque sabe que ese *no* es su cuerpo.

Porque hay una hermosa e incruenta religión
de los árboles, una legislación dulcísima de sales
y de ácidos que no necesita gota alguna de la san-

gre convertida en Mar Rojo, aunque sepamos que nunca podremos salir de esas aguas, que estamos empapados y enojados ahí. Si la palabra belleza se moja en ese Mar, hay que sujetarla del talón con cuidado y que sea verdadera y vulnerable.

⚓

PERTENECEREMOS a toda la materia porque, con Basilio Sánchez, hemos heredado un nogal sobre una tumba. Me pregunto si la piedra buena que le han encargado llevar en los hombros es precisamente la humilde lápida que sueña con ser nieve. Si esa piedra es acopio de granizo que el poeta disuelve en blandura benigna y queda fijada, a punto de ser lágrima, sobre las altas ramas del nogal.

⚓

LA materia es magnánima. Nos permite olvidarla y no olvida querernos.

Incluso cuando los días parecen losas que en algún momento fueron puertas y antes la vocación de forja contra toda represalia, nos asiste la certeza de Clarice Lispector: «Es tan bueno que las cosas no dependan de mí».

Incluso cuando el mundo es un «enmarañado de hilos telegráficos erizados», el sol y las estrellas persisten en decirse y no necesitan de alambre ni cobre ni hierro para alcanzarte a besar. Te asisten torrentes y lechuzas, aparatos mansos y flores bravías, inmensos cartapacios de la luz, oteros en que el sol no sangra, nubes que juegan a esconderse, agua viva y autoras bravías.

⚓

«A veces, cuando no puedo dormir, imagino que Van Gogh le canta el "Hallelujah" de Leonard Cohen a su oreja cercenada y siente paz». Lo ha escrito Ocean Vuong y al leerlo imagino que la materia es siempre una presencia ausente, la livianísima facilidad con que cualquiera de las formas de la amputación puede tararear lo bello y posible que tiembla en el resto de su ahí.

⚓

TODO puede sorprendernos, como si sus puntadas fuesen cristal muy suave. Leo de pronto: «el hilo atraviesa mi lengua/ Y ensarta en la tuya su obsidiana». ¿Pero cómo llegó hasta aquí la piedra oscurecida? Forma parte del *hilo atroz* que ha devanado Beverly Pérez Rego y nunca pierde el filo. ¿Será que *hilo* y *filo* nacieron de una misma placenta? ¿Aquella en que la tierra expulsa su negro corazón de fuego? Sobre él nos miramos, todo espejo de obsidiana devuelve siempre algo más que nuestra propia imagen. Si acaso la huidiza costura de las sombras.

⚓

HE de contradecirme. La materia es lo que es. Uno de los nombres de la totalidad. Aquello que responde a las tautologías. Entre su contundencia de Himalaya y la elusión en partículas mínimas (los quarks, su letra *k* que ya es indivisible, aquello que no podemos romper en piezas más pequeñas porque no hay quien se siente sobre una letra coja). ¿Saber siempre implica conocer la rotura?

La materia es lo que es. Abruma, nos alegra

y conmociona. Nos saca a bailar en un inmenso salón que gira y se desplaza con cada presencia.

⚓

HABRÁ que explicar algo de este libro, aunque ya sea tarde para arreglar ningún desaguisado.

La autora publicó *La sola materia* (1998) y después, en Venezuela, una antología que preparó Luis Enrique Belmonte y se titula *Materia reservada* (2006). Así que ha creído saber algo del tema, como si persiguiese este asunto de lejos cuando en realidad ha sido al revés. Y otra antología, del lado ecuatoriano, responde como *Mecánica y pasión de los objetos* (2013). Esta tenacidad y su extravío. Además, creer es un verbo que confía demasiado en sí mismo. Casi un palíndromo, con su e geminada y la r doble (vibrando, múltiple, toda la boca en el ir y volver de la lengua, derecho y revés confundidos, como en el amor o como en el ahogo, cuando arriba es abajo y no hay sextantes). Para que no sean iguales el ser y el no ser, incluso si toda palabra ofrece una osamenta rígida y el cráneo empobrecido ante su fin.

CREER, de nuevo creer. Porque brota la rosa de roble y trae la esperanza:

«Cada una de las letras que componen tu nombre, Belleza, en el cuadro de honor de los suplicios, abraza la llana simplicidad del sol, se inscribe en la frase gigante que cierra el paso al cielo, y se asocia al hombre empecinado en burlar a su destino con ayuda de su contrario indomable: la esperanza». Palabra y oxígeno que entrega René Char.

⚓

CREER, de nuevo creer. No puede ser palíndromo perfecto por la c inicial de *casi*, o de *cada*, o *cadáver*. La c de ese cordón umbilical en la materia madre. Hacia ella, confiada y empecinadamente, creer como si nada pudiese impedirlo.

MATERIA Y BELLEZA INACABABLES

(CON ALGUNAS REFERENCIAS ACABADAS)

No se agotan ni la belleza ni la materia. En esta indagación gozosa, trajeron de la mano numerosas voces en la invitación a nombrar la esperanza. De ellas queda aquí su procedencia como mínima brújula, como soporte material en el que se apoyó una nube, un guante perdido, la limadura mínima del hierro que siempre puede arder hacia el amor:

Alegría, Ciro: «Cuarzo», *Duelo de caballeros. Cuentos y relatos*, Losada, 1965.

Baudry, Gilles: *Ha nevado tanto silencio*, en *Ha nevado tanto silencio* seguido de *Invisible ordinario*, traducción de María Inmaculada Rodríguez Marqués, Cielo eléctrico, 2023.

Berbel, Rosa: «Las palabras y las cosas», *Los planetas fantasma*, Tusquets, 2022.

Bernardo, Sofía: «XXI», *Narrativas corporales (las palabras táctiles)*, Entrelíneas editores, 2022.

Bilbao, Leire: «Madres piedra», *Aguas madres*, traducción de Ángel Erro, La Bella Varsovia, 2023.

Blanco, Sheila: «Pájaros negros», *Cantando a las poetas del 27*, 2020.

Boccanera, Jorge: «Las palabras limpian el aire», epílogo de *Viernes 25*, poemas de Dardo Dorronzoro recopilados por Nelly Dorronzoro, Ediciones Letras, 1989.

Boccanera, Jorge: «La poesía siembra memoria», en VV.AA.: *Habitar el grito. Poesía y Memoria en La Perla*, Ediciones del Pasaje, 2012.

Bodei, Remo: «Objetos huérfanos» y «En forma de cántaro», *La vida de las cosas*, traducción de Heber Cardoso, Amorrortu editores, 2013.

Brontë, Emily: *Poesía completa*, traducción e introducción de Xandru Fernández, Alba, 2018.

Cadenas, Rafael: *Dichos*, en *Obra entera. Poesía y prosa*, Fondo de Cultura Económica, 2009.

Cancho, José Luis: «XVI», *Los refugios de la memoria*, Papeles mínimos, 2017.

Char, René: *Hojas de Hipnos*, en *Poesía esencial*, edición bilingüe, traducción, prólogo y notas de Jorge Riechmann, Galaxia Gutenberg / Círculo de Lectores, 2005.

Clapés, Antoni: «Oteo este envite», *Los nombres del laberinto*, traducción de Josep Mª Sala-Valldaura, Universidad Autónoma Metropolitana de México, 1998.

Courtoisie, Rafael: «Apócrifo de Rafael Courtoisie», *Antología inventada*, Fondo de Cultura Económica, 2020.

Di Giorgio, Marosa: *Historial de las violetas,* en *Los papeles salvajes*, edición definitiva de la obra reunida, cuidado de la edición, notas y síntesis biográfica de Daniel García Helder, Adriana Hidalgo, 2021.

Diccionario de autoridades, página web de la RAE <rae.es>

Donne, John: «XVII», *Devociones*, en *Paradojas y devociones,* traducción de Andrea Rubín, Cuatro, 1997.

Dorronzoro, Dardo: *Una sangre para el día*, Papeles de Buenos Aires, 1975.

Dorronzoro, Dardo: *Llanto americano*, Talavera de la Reina, 1984.

Dorronzoro, Dardo: *Viernes 25. Poemas y fragmentos de una búsqueda*, selección original de Nelly Dorronzoro, edición de Marina Álamo Bryan y Magaly Olivera, Impresos Bautista, 2016.

García Escoda, Amelia: Página web de la artista <ameliagarciaescoda.es>

García Hernando, Leonor: «La calma», *El cansancio de los materiales*, Colección Mascaró, 2001.

García Valdés, Olvido: *Esa polilla que delante de mí revolotea. Poesía reunida (1982-2008)*, prólogo de Eduardo Milán, Galaxia Gutenberg / Círculo de Lectores, 2008.

García Valdés, Olvido: *Confía en la gracia*, Tusquets, 2020.

García Zamora, Sergio: «Martirio de las uñas de mi madre», *La canción del crucificado*, Macasar, 2018.

Gómez de la Serna, Ramón: «El museo portátil. Despacho del escritor», Museo de Arte Contemporáneo de Madrid.

Gómez de la Serna, Ramón: *Greguerías*, edición de Rodolfo Cardona, Cátedra, 1983.

Gómez de la Serna, Ramón: «Lo absurdo», *Nuevos caprichos*, en *Muestrario. Obras completas.*

Vol. IV, edición de Ioana Zlotescu, Galaxia Gutenberg / Círculo de Lectores, 1997.

Goya, Francisco de: «Duelo a garrotazos», Madrid, Museo Nacional del Prado.

Hernández, Miguel: «Un carnívoro cuchillo», *El rayo que no cesa*, en *Obra completa. Vol. I*, introducción de Agustín Sánchez Vidal, Espasa, 2010.

Jabès, Edmond: «Diario I», *Yael*, en *El libro de las preguntas. Vol. II*, traducción de José Martín Arancibia, Siruela, 1991.

Jiménez, Juan Ramón: «¡Intelijencia, dame», *Eternidades*, en *Segunda antolojía poética (1898-1918)*, edición de Javier Blasco, Austral, 1998.

Juarroz, Roberto: *Poesía vertical I (1958),* en *Poesía vertical. Vol. I (1958-1987)*, Editorial Emecé, 2005.

Kozak, Gisela: «Resplandor de eternidad o héroes de video», *El hilo de la voz. Antología crítica de escritoras venezolanas del siglo XX. Volumen II*, edición y prólogo de Yolanda Pantin y Ana Teresa Torres, Libros en Red, 2015.

Lispector, Clarice: «Por no estar distraídos (12 de diciembre de 1970)», *Revelación de un mundo (Crónicas)*, selección de textos, traducción, presentación, revisión y notas de Amalia Sato, Adriana Hidalgo editora, 2008.

Lispector, Clarice: *Agua viva*, traducción de Elena Losada, Siruela, 2020.

Lucrecio: «Indivisibilidad de los cuerpos primeros», *Libro I,* en *De la naturaleza de las cosas*, traducción del Abate Marchena, edición de Agustín García Calvo, Cátedra, 2016.

Lugrís, Urbano: «La habitación de un viejo marinero», Vigo, Pinacoteca Fernández del Riego.

Machado, Luz: «Meditación de la materia íntima» y «Deseo», *La casa por dentro,* en *Pequeña lámpara gemela*, nota editorial de Jacqueline Goldberg, La Poeteca, 2023.

Maeso, María Ángeles: *Basura mundi*, Huerga & Fierro, 2008.

Magritte, René: «Los amantes» (1928), Nueva York, MoMA.

Maillard, Chantal: «Arañamente, acerca de los sistemas de representación», *Cuadernos Hispanoamericanos* 853-854 (julio-agosto de 2021), pp. 199-204.

Milán, Eduardo: «Coda», *Salido*, Varasek Ediciones, 2018.

Mistral, Gabriela: «Lo feo» («Lecturas espirituales», *Desolación*) y «Materias» (*Tala*), *Poesías completas*, estudio preliminar y referencias cronológicas de Jaime Quezada, Editorial Andrés Bello, 2001.

Mitre, Eduardo: «La silla», *Mirabilia*, en *Mediterránea. Antología de poetas bolivianos*, selección y prólogo de Santiago Espinosa, El Ángel Editor, 2023.

Moreno Villamediana, Luis: «Capítulo La metamorfosis, o la transformación», *La persona regresa, o novela*, Pre-textos, 2023.

Mujica, Hugo: «IX», *La carne y el mármol. Francis Bacon y el arte griego*, Vaso Roto, 2018.

Munro, Alice: «Cisnes silvestres», *¿Quién te crees que eres?*, traducción de Eugenia Vázquez Nacarino, Lumen, 2019.

Navarro, Sergio: «La gracia de las palomas de invierno», *Historia del tacto*, Universidad Popular José Hierro, 2022.

Oliver, Mary: *Poemas*, traducción de Sara Torres, revista digital *Kokoro* <https://revistakokoro.com/MaryOliver.html>

Pérez Rego, Beverly: *El hilo atroz, Revista de Poe-*

sía, Universidad de Carabobo, 2021 <https://
poesia.uc.edu.ve/el-hilo-atroz/>

Peyrou, Mariano: *Posibilidades en la sombra*,
Pre-textos, 2019.

Ponge, Francis: *El Sena*, traducción de Silvio Mat-
toni, La Mariposa Mundial / Plural Editores, 2016.

Rilke, Rainer Maria: «Carta VI (Roma, 23 de
diciembre de 1903)», *Cartas a un joven poeta*,
traducción y nota preliminar de José María Val-
verde, Alianza Editorial, 2003.

Rodríguez, Claudio: «Girasol» y «Mala puesta»,
Alianza y condena, *Desde mis poemas*, edición
del autor, Cátedra, 1984.

Rodríguez, Reina María: «Una colonia llamada
Magia de Mayo», *Rialta*, 2 de junio de 2023
<https://rialta.org/una-colonia-llamada-ma-
gia-de-mayo/>

Ruiz, Misael: «Es casi un milagro», *Todo es real*,
Pre-textos, 2017.

Sánchez, Basilio: *He heredado un nogal sobre la
tumba de los reyes*, Visor, 2019.

Sánchez, Basilio: «La piedra buena», «Siempre hay
alguien que cuida» y «La morera», *El baile de los
pájaros*, Pre-textos, 2023.

Sánchez Santiago, Tomás: *El que desordena*, DVD, 2006.

Sánchez Santiago, Tomás: «Los cuadernos pálidos», *El cuaderno digital* 11 (mayo de 2020).

Serrat, Joan Manuel: «Aquellas pequeñas cosas», *Mediterráneo*, 1971.

Simic, Charles: «Tapiz» (*Primeros poemas*) y «Motel Paraíso» (*Una boda en el infierno*), *Poesía (1962-2020)*, edición, prólogo y traducción de Nieves García Prados, Valparaíso, 2020.

Sontag, Susan: «En la caverna de Platón», *Sobre la fotografía*, traducción de Carlos Gardini revisada por Aurelio Major, De bolsillo, 2008.

Stefano, Victoria de: «Escribir», *La refiguración del viaje,* Instituto de Investigaciones Literarias Gonzalo Picón Febres, 2005.

Szymborska, Wislawa: «Naturaleza muerta con globo», *Llamando al Yeti*, en *Poesía no completa*, prólogo de Elena Poniatowska, edición y traducción de Gerardo Beltrán y Abel A. Murcia, Fondo de Cultura Económica, 2013.

Varela, Blanca: *El libro de barro*, en *Donde todo termina abre las alas. Poesía reunida (1949-2000)*, prólogo de Adolfo Castañón y epílogo de Antonio Gamoneda, Galaxia Gutenberg / Círculo de Lectores, 2001.

Vitale, Ida: «Verano», *Jardín de sílice*, en *Poesía reunida (1949-2015)*, edición de Aurelio Major, Tusquets, 2017.

Vuong, Ocean: «Perdedor chaparro y hermoso», *El tiempo es la madre*, traducción de Elisa Díaz Castelo, Vaso Roto, 2023.

Wei, An: «Todas las partes blandas se perderán», Sevilla, Galería Berlín, del 4 de noviembre al 12 de diciembre de 2022 <berlingaleria.es>

Zambrano, María: «Carta a Gabriela Mistral», La Habana, 4 de febrero de 1953. En *De mujer a mujer. Cartas desde el exilio a Gabriela Mistral (1942-1956)*, edición, introducción y notas de Francisca Montiel Rayo, Fundación Banco Santander, 2020.

La belleza de la materia se terminó de imprimir el 13 de abril de 2024, día de san Carádoco. A otras fechas llegaron las sumas y las restas. El santoral de un mes, su seña y saldo: Teódulo, Cristóforo y Heliena; Acardo, Tíquico, Zita y Macaldo; Aulo, Antusa y Asaco; Pelusio y Agabo; Marolo y Deodato. Hasta Dova y Bova…

Pero en abril el libro es centro del asombro. Celebra la materia esta alegría verbal, la suma incomprensible sobre sí, no saber ni alcanzar lo suficiente. Que este libro te alcance y lo completes.